家族病

夫の問題
妻の問題
子の問題

金盛浦子
心理カウンセラー

さくら舎

はじめに

先日、あるお店で待ち合わせをしていたときのことです。お店の窓越しに外を行き交《か》う人々を眺《なが》めていて、ふと思いました。

「この人たちにも、みんな家族があるのよね」

「あの人はどんな家族なのだろう？」

「幸せな家族？」

「一刻も早く逃《のが》れたい不幸な家族？」

最近、考えることがあり、あらためて家族を見つめる機会があったからかもしれません。

相談に見える方や、カウンセリングを受けに来られる方の中には、「家族」という軛《くびき》（自由を束縛《そくばく》するもの）に苦しめられている方が大勢います。

幼い頃から親に押しつけられるだけで、自分と出会うことができなかった女性、自分を探すことができなかった女性、きょうだい同士が競いあう中で憎しみに発展した男性、どうしても家庭に居場所を見つけられない男性、夫婦の関係がギクシャクして苦しんでいる女性、過去の母娘関係のせいで子どもに愛を注《そそ》げない女性……。

その内容はさまざまですが、いまは、まさに「家族病」の時代といってもいいのではないでしょうか。

いったい何がこうした「家族病」を生んでいるのでしょう？

まず、これを知る必要があります。

そこから、どんな「毒」が生まれ、人を壊していくのか？　それについてもしっかり見ていかなければなりません。ひょっとすると、気づかないうちに、あなたもその毒に侵《おか》されているかもしれません。

家族というつながりには、夫婦、親子、きょうだいと、いろいろな関係の形があります。この中でも、夫婦という関係は「離婚」という形で解消することができます。ですが、親子、きょうだいなどの関係は、よかれ悪《あ》しかれ、どのような計算の上でも解消することができないのです。中には、

「私は家族を断《た》ち切って生きている」

という人もいますが、それは単に交渉を断っているというだけです。その人の中にかつて親から受け継《つ》がれたものは生きつづけているのです。

また現代は「非婚時代」ともいわれています。

でも生涯、独身を貫《つらぬ》いたとしても、家族と無縁《むえん》ではありません。たしかに子どもをつくらなければ新しい家族はできません。しかし、その人にも親やきょうだいはいるわけです。

もっと言えば、祖父母がいますし、さらに古い血族もいます。

そもそも私たちの生命と存在は家族から生まれたものです。ですから、たとえふつうの形でなくても、私たちは何らかの形で家族とつながっています。

もし、そうなら、「毒」をもたらす家族より、素敵な家族にしたいですね。

実際、私が心理カウンセラーとして経験した事例の中にも、問題に直面しながら家族によって救われたケースが少なくありません。

この本では、そんな願いも込めてなるべく具体的に「素敵な家族」の育ち方についても触れていきます。

たとえあるとき離れていても、いつかは心が居場所を求めて戻ってくる。家族、家庭は、そんな場でありたいものです。

金盛浦子《かなもりうらこ》

◆もくじ

第1章「家族病」の時代

第2章　心をじわじわ壊す家族の「毒」

第3章　知らないうちに機能不全家族になっている⁉

第4章　バラバラの家族が再生する具体的な方法

第５章　それぞれの「居場所」を求めて

第6章　親密感や一体感が生まれる心の技術

家族病

夫の問題　妻の問題　子の問題

第1章　「家族病」の時代

忘れていませんか？　家族は私たちの生命の源です

家族とは不思議なものです。

安らぎの場であるかと思えば、ときには個人を縛《しば》る鎖《くさり》にもなります。家族に苦しめられている人もいますし、家族から逃《のが》れようとする人もいます。でも、たとえ離れていても家族は家族です。

また、家族をつくるスタートになるのは結婚ですが、現代は非婚時代といわれています。ジェンダー研究の草分け的な存在として知られている上野千鶴子《うえのちづこ》さんは、自らも非婚を貫《つらぬ》き、非婚時代への新たな取り組みを提唱してもいます。

でも、たとえひとり暮らしでも親やきょうだいはいます。

そもそも私たちの生命と存在は、家族から生まれたものです。

そういう意味で、ふつうの形にならなくても、私たちは何らかの形で家族とつながっています。

「幸福な家庭はどれも似たものだが、不幸な家庭はいずれもそれぞれに不幸なものである」

ロシアの文豪トルストイの小説『アンナ・カレーニナ』に出てくる言葉です。

そうですね、鎖になったり、苦しめられる存在の家族は、それぞれ個別の問題を抱えていますが、幸福な家族は当たり前にある存在で、あまり意識することがありません。

まるで空気みたいな存在かもしれませんね。

でも、みなさん、空気がなければ私たちは生きていけませんよね。ある意味で、家族も同じかもしれません。

じつは、生きていくために欠かせないものであり、生命の源《みなもと》でもあるのです。

両親、祖父母によってつくられた「偽物」の自分に気づくとき

家族はときに命綱《いのちづな》にもなり、自由を束縛《そくばく》する軛《くびき》にもなります。

しかも、その影響は両親、きょうだいという一代の家族だけにとどまりません。祖父母、ときにはさらに先の家族の影響を受けることさえあります。祖父や祖母などと暮らすことが子どもの成長にとって素晴らしい効果があるのは確かですが、その反面マイナスになることも少なくありません。

子どもの将来設計図を親が勝手に書いてしまい、それを子どもに押しつけるケースがありますが、これは子どもにとって自律（他からの支配や制約を受けずに自分の意志で行動すること）をさまたげ、自立（他への従属から離れて独り立《ひと》ちすること）を阻害《そがい》する鎖以外の何ものでもなくなることがあります。その結果、心を病《や》んでしまう子どもたちをいままでたくさん見てきました。

その鎖が親だけでなく祖父母からもかけられているとしたら、どうでしょう？

子どもにとっては、まるで家庭内収容所です。

こうしたケースは、いわゆる高学歴で代々続く医者家系であったり、大学教授、官僚などの家柄に多いことがしばしばです。

私がいままで心理カウンセラーとして接してきた中にも、いくつかのケースがあります。その一つをご紹介しましょうか。

Ｋさんは、祖父の代から続く中部地方の開業医の長男として生まれ育ちました。

祖父も父親も地元で医院を開業し、名士でもありました。母親自身は医師ではなかったものの、やはり二代にわたる医師の娘で、ふたりの兄もやはり医師です。Ｋさんは、まわりを医師に囲まれた中で育ってきたわけです。

当然のことのようにＫさんもまた医師になるべき存在とされ、それを疑う者は誰もいませんでした。Ｋさん自身も、中学生になるまでは同じように考えていたようです。

小学生の頃から家庭教師をつけられて勉強漬けの日々。ある有名進学校を目指し、高学年になると塾にも通いました。成績も抜群で、無事合格したのです。

しかし、中学生になって数ヵ月たった頃、少しずつ変化が生じてきます。まず成績がどんどんと落ちはじめ、学校に行かない日が多くなってきたのです。

両親はもちろんのこと、祖父母まで交えて一家はパニック状態です。Kさんを責める言葉は激しさを増し、ついにはKさんの親に対する暴力にまで発展しました。でも、Kさんの変化は、まだまだ終わりませんでした。

家出をしたのも一度や二度ではありませんし、睡眠薬を大量に飲んだり、リストカットや自殺未遂のようなことも何度か起こしたそうです。

「学力が落ちはじめて自信をなくし、急に自分がいったい何者なのかわからなくなってきました。それから自分が嫌《いや》でたまらなくなりました。こんな自分は消してしまいたいと思うようになったのです」

私のところに相談に見えたときのKさんの言葉です。

きっかけは学校の成績が落ちはじめたことですが、じつはその苦しみの中にはもっともっと根深いものが潜《ひそ》んでいたのです。

つまりKさんは、自分が親や祖父母によってつくりあげられた人形だと気づいてしまったのです。このようなパターンの家庭や必要以上に厳格に育てられた、いわゆる「いい子」が、思春期を迎えると起こりがちなトラブルです。

こうしたケースで厄介《やっかい》なのは、自分の問題が親によって引き起こされているとわかっているにもかかわらず、攻撃が親に向かわず自分自身に向けられる点です。

この厄介さは、子どもに対する親の虐待《ぎゃくたい》でも見ることができます。

どんなに虐待されても、子どもは親を憎むことも攻撃することもできないのです。虐待がなかなか周囲に気づかれない一因が、ここにあります。

どんなにひどい虐待を受けても、「ママは悪くないの。悪いのは、私なの」。虐待を受けている子どものほとんどがこう言うからです。

そして、それが心のトラブルから立ち直れない原因にもなっていくのです。

さてKさんですが、彼の場合も、なんとか立ち直るまで7年もの歳月を費やしました。その後、大検（大学入学資格検定）に合格して大学にも進み、結婚して子どももできたようです。

なんとかふつうの社会人として生活できる状態になってはいるのですが、すべてが解決したわけではありません。

誰の中にも潜んでいる家族という「血」

Kさんの子どもが6歳になって、ある有名大学の附属小学校に入学したと聞いて、「えっ、あのKさんが!?」私は、思わず絶句してしまいました。

その小学校は、幼稚園のときからお受験で必死にならないと、なかなか合格できないといわれているところです。似た状況で自身が苦しんできたKさんが、まさかそんなことをするとは思いもしなかったからです。

でも、落ち着いてよくよく考えてみれば、ことさら不思議なことではないのです。あらためて見まわしてみれば、私のまわりにも親がお受験をしてきた家庭の子どもが同じようにお受験をするというケースは少なくありません。

あんなに苦しんできたKさんの中にも、自身を苦しめたK家の血が疑いがたく流れていたのです。

人間って、家から出て独り立ちしたり、結婚して家族をつくったりすると、「自分は完全に独立した一個の人間だ」と思いがちですね。

でもね、よく考えてみてください。

そう考えている人は、どうやって人間形成をはかってきたのでしょうか？　生まれてから、そして幼いときから、自分で自分を形づくってきたのでしょうか。意識して自分を育ててきたとしても、せいぜい思春期以降のことですね？

人はそれまでに、多くの部分を親によって形づくられてきます。その親は、また父と母によって多くの部分を形づくられています。家族とは、ときにこの受け継《つ》がれていく「血」のようなものを意味するのでしょう。

ですからKさんのように自分が苦しんでも、やはり自分が属する「家族」に引かれるようにして、自分自身の子どもにも対してしまうのかもしれません。

こう考えると、家族とは、想像以上に手ごわい存在であり、また厄介な問題でもあることがわかります。

夫婦喧嘩の原因の中に隠された本当の原因

話は少し変わりますが、夫婦喧嘩《げんか》の原因について調査をすると必ず上位に入ってくるものの一つに、「お互いの実家とのかかわり方」があります。「かかわり方」というのは、ちょっと抽象的ですが、「実家とのつきあい。行き来」あるいは「実家の悪口」などがあげられます。

ほかに「家事の手伝い」「言葉づかい」なども上位にランクされますが、その場合でも本当の原因は、それぞれが育ってきた歴史の環境の評価であることが多いものです。みなさんも心当たりがありませんか?

たとえば、家事の手伝いのことで言い争いになったとします。そんなとき——

「あなたのお兄さんも、ぜんぜん手伝ってないわよね」

「○○の家って、みんなそうなの?」

こんな言葉をつけ足したりしていませんか?

「もう少し手伝ってよ」

これだけなら、それほど大きな喧嘩には発展しませんが、実家についての言葉をつけ足すと、ちょっと大ごとになってしまいます。きっとみなさんにも経験があるのではないかと思います。

というのは、どうしてだと思いますか？

夫と妻それぞれの性格や人間性の中に、それぞれが育った家族が色濃く反映されているからではないでしょうか。

ふだんは、あまり意識していないのに、夫婦喧嘩などをきっかけに、そのようなことがえぐり出されるのです。

でも、当たり前と言えば当たり前です。

たとえば男性が28歳、女性が25歳で結婚し、10年がたったとしましょうか。もう10年一緒に暮らしているといっても、結婚するまでの四半世紀以上をそれぞれの家族の中で暮らしてきたのです。

独立した家族の中にも、夫と妻それぞれが生きてきた家族が根深くからんできているのです。

家族の中で血のつながりがないのは夫婦だけ

「親は子どもを選べるが、子どもは親を選べない」

よく言われる言葉ですね。

つまり、子どもにとっては生まれたときからすでに家族が存在しているのです。きょうだいも同じです。生きていく以上、切りたいと思っても切れない関係です。おじいちゃん、おばあちゃんもそうですし、親戚のおじさんやおばさんもそうです。

でも、みなさん、家族の中で切ることができる関係があります。

そうですね。夫と妻。子どもにとっては父親と母親です。そして、家族の中で血がつながっていないのは、この二人だけです。もちろん家族といっても必ず血がつながっているわけではありませんよね。たとえば、子連れ再婚の場合や養子縁組みをした場合、家族で血のつながりがない関係も出てきます。

ただ、そうでない家族では夫と妻、父と母、この関係だけ血がつながっていません。

そして家族の中で中心になるのは、やはりこの二人です。

これは、何を意味しているでしょうか？

家族は「あらかじめあるもの」ではなく、「つくっていくもの」ということです。世界のさまざまな国と比べて、日本人の場合、家族と血のつながりが実際以上に強調されることが多いように思います。

でも考えてみると、夫婦、父母には血のつながりがないのです。家族の中で中心になる二人がそうなのですから、家族はかなりの部分で「つくっていくもの」、あるいは「つくられていくもの」だといえないでしょうか？

私たちは、このことをもう少し意識すべきです。

中心になる夫婦、父母がしっかり意識して家族を「つくって」いけば、自然にほかの家族もそれを意識します。

家族を「あらかじめあるもの」として強調するあまり、そこに縛りつけられ、がんじがらめになってしまう状況から抜け出すことができますし、よりよい家族をつくっていく大事なステップになると思いませんか？

家族でも別の人間。それに気づくことがスタートです

日本では、「以心伝心《いしんでんしん》」が家族関係の基本という考え方があります。

つまり、家族なら、いちいち言葉にしなくても気持ちが通いあうということです。たとえば夫婦なら、夫が「おい」と言えばお茶が出てくるような状態です。

いまは、これを理想としている夫婦はさすがにいないかもしれませんね。でも、以心伝心でお互いが一体になることが、素敵な夫婦の条件という考え方は根強いものがあります。

これが本当のコミュニケーションに根ざした関係とは思えませんよね。

たしかに言葉にしなくてもわかりあえるというのは、日本の伝統的なよい部分でもあると思います。相手の気持ちがわからなくては、このコミュニケーションはできませんから。

でも、それ以上に行き違いや破綻《はたん》が多いのではないでしょうか？

実際、みなさんの日頃の経験に照らしてみれば、きっといいことばかりではないはずです。

本当のコミュニケーションの根源にあるものは、何でしょうか？

それは、お互いが「別の人間」であること、自分と相手の相違をまず見つめることだと私は思うのです。これが出発点です。

『7つの習慣 ファミリー』（キングベアー出版）の著者スティーブン・R・コヴィー博士は、「相違点があれば、まずそれを喜ぼう」と提案しています。

そうですよ！

自分と誰かが違っているからって、がっかりしたり、悲しんだりすることは全然ないです。違うからこそ相手を理解するスタートになるし、違うことがむしろ健全なのだと気づけば、相手から多くのことを学んだり、喜びを得たりすることができるのです。

博士はその著書の中で、11歳の娘を持つある母親のエピソードを紹介しています。

少しだけ、そのお話を紹介させていただきましょう。きっと誰でも心に思い当たるのではないでしょうか。

「違う」ってがっかりすること？　いいえ、喜んでいいことです

さて母娘のお話です。

母親は自分が11歳のときに、自分の母親からある本をプレゼントしてもらったそうです。とても感動して、いつまでも忘れないでいたので、自分の娘が11歳になったら同じ本をプレゼントしようと計画しました。

娘が11歳になって、母親は計画を実行しました。

11歳には少し努力が必要な本でしたが、娘は一生懸命に読んでいます。母親は、「やっぱりね。私と同じように娘も感動しているんだわ」と大満足でした。ところが、しばらくすると娘は本を読むのをやめてしまい、本棚にしまったまま、いつまでも放ったらかしです。

母親はがっかりです。

どうして自分と同じように感動してくれないのだろうか？　いろいろ考えて「娘と自分

が同じとは限らない」と頭ではわかっていても、いつまでも違和感が抜けない状態が続きました。それから次第に、娘をまるごと愛してやれない自分に対する罪悪感《ざいあくかん》が生まれてくるのです。

みなさんも同じような経験がありませんか？

母親だけではないですよ。父親だって、珍《めずら》しい昆虫を見つけてもあまり興味を持たない息子がいたりすると、ちょっとがっかりしませんか？　自分は子ども時代サッカーに夢中になっていたのに、子どもが野球をやっていると、なんとなく違和感を持ってしまう。

そんなことって、ありますよね。

中には無理やり自分が好きだったサッカーをやらせてしまう父親もいます。でもね、この「違う」っていうこと、じつはとても大切なのです。違うからこそ、本当のコミュニケーションを築《きず》くことができ、さらに家族をつくっていく出発点にもなるのですから。

だから、「違う」のは素敵なことです。そして、それに気づくことが家族がうまくいくための第一歩になるのですから、こんなに喜ばしいことはないですよね。

違うからこそ本物のコミュニケーションが生まれる

前の項でお話しした母娘のことですが、まだ少し続きがあります。

母親は自分と娘は違うのだと頭ではわかっていても、わずかな違和感がなかなか抜けませんでした。それどころか、「そういえば、この子は自分と違って暗いところがあるかもしれない」、そんなふうに思いはじめたりします。すると、どんどん自分との相違点が目につき、気になってきます。

そんな親の気持ちって、子どもはすぐに気づきますよね。

すると、今度は子どもが寂しい気持ちになり、母親に対して違和感を持つようになってしまいます。悪循環《あくじゅんかん》の始まりです。

でも、このケースの母親は、あるとき解決の方法を見つけ出したのです。

それは娘が大人になったときの姿を想像することだったのです。すると、大人になった娘は、いろいろな点で母親と違っていますが、でもだからといって何も問題なく、母娘は大人の女性同士でコミュニケートしています。むしろ現在より、ふたりともいきいきと楽しそうです。

「そうか。違うからこそ、こんなふうにできるのね」

そう彼女は気づいたのです。

みなさんも、自分自身のことを考えてみてください。もう何年も親しくおつきあいしてきた親友は、あなたと性格がそっくりですか？　たぶん、そんなことはありませんよね。むしろ、違っている点のほうが多いのではないでしょうか。

それなのに、その人と一緒にいると楽しい。友だちだと当たり前のことが、親子や家族になると当たり前でなくなるのは、どうしてなのでしょうか？

親子の場合は、きっと関係が対等ではないためではないでしょうか。親は子どもを自分が望む何かにしたいという願望を持ちます。そのためには、こうあってほしいという姿が求められます。

自分の考えと違ったり、違う部分が多かったりすると、この願望の実現がむずかしくなります。だから、同じ部分をたくさん持つことが安心を生むのです。でも、これって対等の関係ではないですよね？　違いを喜ぶ関係に変えていきたいですね。

第2章　心をじわじわ壊す家族の「毒」

増えている面前DV、子どもにはこの上ない恐怖！

このところ「面前ＤＶ」という言葉を、よく目にするようになりました。

ＤＶというのは「ドメスティック・バイオレンス」、つまり家庭内暴力のことで、子どもの目の前で夫が妻に、あるいは妻が夫に暴力をふるうことです。

配偶者《はいぐうしゃ》への暴力は、いろいろな機関に相談する件数が、年間で5万件近くになっているそうです。

暴力にまで発展しないふつうの夫婦喧嘩《げんか》でも、子どもはとても敏感に反応します。

「まだ赤ちゃんだから、わからないだろう」と思うかもしれませんが、とんでもない。言葉もわからない乳幼児だって、お母さんやお父さんの声の調子、表情の変化にはとても敏感に反応することがわかっています。

ましてや、目の前の暴力は、子どもにとってはこの上なく恐ろしいことだということを、まず理解しておいてください。

小さな子どもにとって、親はたったひとつの「世界」で、包みこんでくれる存在です。ふたりの仲がいいことは子どもに大きな安心を与えますが、その逆だったら、絶望の淵《ふち》に落とされるようなものです。

たとえば、激しい夫婦喧嘩やDVを見て、赤ちゃんが熱を出したり、けいれんを起こすことさえあります。

朝日新聞の「天声人語」におもしろい記事を見つけました。

児童文学者の灰谷健次郎《はいたにけんじろう》さんが、自らのエッセイで取りあげているという小学校1年生、やなぎますみさんの詩です。

「おとうさんのかえりが　おそかったので　おかあさんはおこって　いえじゅうのかぎを
ぜんぶしめてしまいました　それやのに　あさになったら　おとうさんはねていました」
(朝日新聞2014年10月3日朝刊)

作者のますみさんは、夜中に何があったのか知らないうちに寝てしまったようですが、朝には一件落着していたということでしょうね。

「親の生活が自分にしっかりつながっていると自覚したとき、子どもはこの上なくやさしくなれる」灰谷さんは、そう言っているとあります。

夫婦喧嘩はモラハラ、子どもを自己否定に追いこみます

ＤＶまでいかなくても、夫婦喧嘩の多い家庭は、子どもに大きな心の傷を残します。

子どもって、両親が喧嘩をしていると、自分のせいだと感じてしまいます。

実際、夫婦喧嘩は子育てや教育をめぐって始まることが多く、それを聞いていた子どもは、ますます「自分のせいだ」と受け取ります。

そして「自分さえいなければ、両親は仲よくできる」と思いこむようになってきます。

それは、やがて「自分はいらない人間だ」という自己否定につながっていきます。

自己否定と肯定感については、いままでいろいろな本や場所でお話ししてきましたし、子育てや教育の論議には必ずといっていいほど出てくる言葉ですから、少なくとも耳にしたことがある方が多いと思います。

「自分は大切にされている」「大事な存在だ」そんなふうに感じることを自己肯定感と言います。この自己肯定感は人格のベースになり、自立心や自信につながります。

逆に自己肯定感が低いと、自分を否定するようになり、当然自立心や自信も育ちません。心のトラブルを抱えることも多く、私がカウンセラーとして接してきたケースでも、自傷《じしょう》行為や摂食《せっしょく》障害に陥《おちい》ることがよくあります。

こう考えてくると、夫婦喧嘩は、ある意味で、子どもに対するモラハラ（モラル・ハラスメント）ということができます。モラハラは言葉や態度などによる精神的な虐待《ぎゃくたい》ですが、直接的な暴力と違ってまわりには見えにくいために見過ごされがちです。でも、子どもにとっては大きなトラウマになってしまうのです。

しかも厄介《やっかい》なことに、親のモラハラで心に深い傷を負った子どもは、成長して自分自身が親になったときに、無意識のうちに今度は自分の子どもに対してモラハラを繰り返してしまうケースが少なくないのです。

たかが夫婦喧嘩と思いがちですが、前の項目で紹介した、やなぎますみさんの詩のように子どもの心を傷つけない配慮《はいりょ》が必要ですね。

感情を麻痺させる子ども

以前、私が心理カウンセラーとして接した24歳の女性のお話をしましょうか。

父親はある一流企業に働くエリートサラリーマンで、仕事一途《いちず》。ほとんど家庭を顧《かえり》みないタイプの方だったようです。

それだけならまだいいのですが、彼女が幼い頃から大学生になる頃まで、ずっと父親から母親へのＤＶが続いたというのです。

「目の前でということもありましたし、私が寝てから声や物音を聞いたことが何度もあります。私は耳をふさいで布団をかぶってふるえていました。何も聞きたくない、何も見たくない！　必死でそう思いました」

カウンセリングをしていた当時の彼女の言葉です。

その後、中学2年生のとき、彼女は学校に行けなくなり、リストカットや摂食障害を繰り返すようになったのです。

夫婦喧嘩やＤＶを経験した子どもは、強い精神的なショックを受けます。その結果、自分の感情や意識を麻痺《まひ》させて状況をやり過ごそうとするのです。一種のＰＴＳＤ（心的外傷後ストレス障害）ですね。

彼女の場合も、そうでした。

感情を麻痺させることで、目の前で起きているショックを和《やわ》らげようとしたのです。それから、ずいぶん長い間、頭痛・不眠・腹痛・吐き気が続いたようです。当時の彼女は、もちろん原因が何か気づかなかったのですが、これもＰＴＳＤの典型的な症状の一つです。

もう一つの症状は、記憶障害、興味の喪失《そうしつ》、幸福感の喪失などですが、彼女にもそれが起こりました。そして次第に自己否定に陥《おちい》り、その結果、自傷行為や過食、拒食を繰り返すようになったのです。

いま、彼女はなんとか自分を取り戻し、ある図書館で司書として働いていますが、いまでも幼い頃の記憶が頭をかすめることがあるといいます。

外見は素敵な家族、でも内実は「仮面夫婦」

妻が強ければ、夫が「帰宅拒否症候群」(46ページ参照)、妻が弱ければ「主人在宅ストレス症候群」(54ページ参照)。どちらにしても問題あり! ということになると、いったいどうすればいいのでしょう?

その解決法は、あとで考えるとして、ここではどちらでもない第3の問題を取りあげてみたいと思います。

それは仮面夫婦、あるいは仮面家族といわれる問題、そして家庭内別居という問題です。

仮面夫婦というのは、外から見ればふつうの夫婦のように見えても、その内実は夫婦、家族という仮面をかぶっているだけという状態をいいます。その結果として、家庭内別居という形が生まれます。

以前、私の知りあいの中にも、そんな方がいました。

ある会合で知りあったご夫婦ですが、その話を聞いたときには、「ええ、あのNさんご夫妻が!?」思わず口をついて出そうなくらい驚きました。

奥さんは落ち着いた、とても穏《おだ》やかな話し方をされる方で、ご主人もにこやかな方でした。ご一緒のときに何度かお会いしましたが、ぎくしゃくとした間柄《あいだがら》にはとても見えなかったのです。

むしろ素敵なご夫婦という印象でした。

そのＮさん夫妻が、じつはもう６年間も家庭内別居を続けているというのですから、本当にびっくりしました。

Ｎさん夫妻には、その頃、中学１年生になるお嬢さんがいて、摂食障害などの問題を抱えているということで相談を受けました。くわしい家庭の状況をお聞きすることになり、じつはご夫妻が家庭内別居をしていることがわかったのでした。

しかも、その家庭内別居ぶりは、かなり徹底していて、同じ家にいながら寝るのはもちろん別の場所、食事も別々で、水道光熱費までそれぞれに割り当てて別家計にしているそうです。

冷たい空気が張りつめる家庭内別居の現実

Nさんのお嬢さんが摂食障害などのトラブルを抱えるようになったのは、じつはNさん夫妻の軋轢《あつれき》に原因がありました。

DVや夫婦喧嘩のところでも触れましたが、夫婦、つまり子どもにとっては両親の関係は生育歴に大きな影響を与えます。

両親の間に温《あたた》かい空気が流れていれば、外でいろいろな問題に直面しても癒《い》やされますし、すくすくと育っていきます。でも、それが凍《こお》った冷たい空気だったらどうでしょう？

夫妻の家庭内別居は6年間続いていたそうですから、お嬢さんがちょうど小学校に上がる頃にはすでに冷たい空気が張り詰めていたことになります。

「毎日、両親の顔を見るのが怖くて、学校から帰ると目を伏せるようにして自分の部屋にこもっていました」

私が面談したときのお嬢さんの言葉です。

子どもは本当に小さい頃から両親の顔色を見ています。そして敏感に反応します。さらに両親が喧嘩をしたり、仲違《なかたが》いすると、子どもはそれが自分のせいだと思いこんでしまうのです。

これが自己否定とつながっていき、大きな心のトラブルを抱えることになったのです。

Ｎさんのお嬢さんの場合、これが自傷行為や摂食障害へと向かっていきました。

その後、時間はかかりましたが、Ｎさん夫妻は結局、離婚という道を選び、お嬢さんは母親に引き取られることになりました。逆に落ち着いたのか、２年ほどで摂食障害はなくなったのです。

Ｎさん夫妻が家庭内別居という道を選んだのは、離婚が大学教授のご主人の仕事に影響するのではないかと心配したのと、お嬢さんの将来を考えてのことでした。

でも、離婚してみると、ご主人の仕事にもさしたる影響はありませんでしたし、お嬢さんにとっても結果的によかったのです。

家に帰りたくない「帰宅拒否症候群」の夫たち

夕暮れどき。

西の空を染《そ》めた夕日が沈みはじめ、家々に明かりが灯《とも》りはじめる頃。近くの家からは、かすかな夕餉《ゆうげ》の香りが漂ってきます。

そんな中、わが家を目指して帰るとき、なんともいえない安らぎを感じるのは、うれしい時です。そして、いつもと変わらない家で過ごす時間が、心和らぐ温かさをあたえてくれます。

そんな家庭、家族は、とても素敵ですね?

それは、あすへの活力を生み出してもくれます。

でも、家の明かりが見えてくると、ゆううつになり、家の門の前まで来ながら、くるりときびすを返して夜の街に消えていく人たちがいます。

帰宅拒否症候群といわれる人たちです。

門の前からきびすを返すというのは極端だとしても、会社の仕事が終わっても家に帰りたくないという男性は決して少なくありません。家に帰らず、居酒屋や遅くまでやっているファミレスで時間を過ごしたり、家族が寝てしまう時間になるのを見計らってこっそりと帰宅するという人たちです。

なかには家に帰ることもせず、カプセルホテルに泊まってしまったり、駐車場に止めた車の中で夜を過ごすという人もいるようです。

そういう人にとっては、温かいはずの家庭よりも狭いカプセルホテルや車の中のほうが心地よく、安らげるということなのでしょう。

もし家庭がこんなだったら、最悪です。

でも、どうしてこんなふうになってしまうのでしょうか？

ひとことで言えば、家庭の中に居場所がないからなのです。

こんなふうになってしまうのは、もとは育児や家事にあまり参加しない仕事一筋《ひとすじ》の男性に多いといわれています。「しょせん、家庭を放ったらかしにしているから、そうなるのよ」と言い切ってしまう女性もいますが、一家の主人の居場所がない家庭って、家族にとって幸せでしょうか？

家庭の中に居場所がない！　これって家族といえますか？

これまでの帰宅拒否症候群は、いわゆる「企業戦士」といわれる人たちの中で多く見られる傾向がありました。

＊まじめで仕事中心で生きてきた

＊家庭は妻の仕事とまかせきり

こんなタイプの人たちですね。

本人は、「家族のため」と必死で仕事をしているつもりですから、家族もそれをわかっているはずだと思いこんでいます。でも、ある日突然、ふと気づくと、家族には父親不在の暮らしの空気ができあがっていて、自分の居場所がないのです。

ちょうどそんな時期には、職場内での自身の立場にも変化が出てきます。同僚の中にはより高い地位に就《つ》く人がいます。しかし、自分は以前とさほど変わらない。

「こんなに会社のために働いてきたのに……」

そんな徒労感《とろうかん》が生まれてきます。

また不景気のための合理化で、仕事を失うのではという危機感が生まれてくるかもしれません。そんなとき、家族の絆《きずな》が保たれていれば、心を癒やしてくれますが、家族の中でさえ居場所がなくなっているとしたら、どうでしょう？

帰宅拒否症候群になってしまうのも、無理ないかもしれませんよね。

でも、最近では、ちょっとタイプの違う帰宅拒否症候群が出てきているようです。

企業戦士よりは、もっと若い層で夫婦の間に子どもが生まれたことをきっかけに出てくる帰宅拒否症候群です。

子どもが生まれれば、当然、妻は子どもにかかりきりになってきます。

それまでの新婚家庭のように夫中心というわけにはいかなくなってきます。

「妻は子どもばかりで、自分のほうを向いてくれない」

そんな不満と孤独感を抱いてしまう男性が少なくないのです。

夫と父親を家族からはじき出す母子密着という問題

子どもが生まれたことをきっかけにして出てくる帰宅拒否症候群は、数的にはそれほど多くはないとはいえ、前項であげたような不満や孤独感を抱く男性は決して少なくありません。

よく、結婚3年目の男性の浮気が多いといわれるのは、そのためのようです。

いままで「女性」だった妻が、子どもが生まれたことで「母親」に変わることを目の前にすると、家庭の外に「女性」を求めるようになる結果だといわれています。ある意味では、これができない男性が帰宅拒否に陥ってしまうともいえます。

ここで問題になってくるのは、「母子密着型」の家族パターンです。

子どもが生まれてしばらくは、多かれ少なかれ母子密着型の生活パターンになってしまうのは、ある意味、仕方のないことです。しばらくすれば、また父親としての夫を含めた家族の新しい形が少しずつつくられていきます。

それは、夫も子どもに目を向け、妻も子どもだけでなく夫にも目を向けることによって始まります。

でも、最近は、子どものときの密着パターンをそのまま引きずり、成長しても夫抜きの母子密着にはまりこんでいくケースが急増しているといいます。

最近は子どもが一人という家族も多く、おじいちゃん、おばあちゃんとの同居も少なくなりました。つまり、世にいう核家族ですが、これが母子密着の要因にもなっているのです。

子どもやほかの家族が多ければ、一家の主婦、お母さんは、育児に、家事に大忙しです。とても一人の子どもだけにかかわっている余裕はありません。その分、一人ひとりの子どもと母親は、ある程度の距離を置かざるを得なくなってきます。

母子密着になりようがなかったのです。

ところが核家族では、母子の距離が縮《ちぢ》まり、一緒に過ごす時間も多いため、母子密着になりやすい環境になっているのです。

父性が育っていない父親

子どもが生まれてから2年たっても密着状態が続いていると、父親である夫は、ますます母子の間に入りこめなくなってきます。

「妻は家で子どもを育て、家事をこなし、夫は家族を支えるために外で働く」という昔からの役割分担が強固になり、さらに夫は仕事に集中し、その結果、以前にも増して家庭の中の居場所を失っていきます。

この悪循環《あくじゅんかん》が帰宅拒否症候群を生んでいくというわけでもあります。

もう一つの問題があります。

最近、「子どもにあまり興味が湧《わ》かない」という男性が少なくないというのです。妻が女性から母親になっていくのを見て、さびしく感じるという男性は、特にこの傾向が強いといわれます。

父親が、あまり子どもに接しようとしないのですから、母子を密着に追いこんでいるようなものです。

このケースは父親がおとなとして十分に成熟しないままで、父性がきちんと育っていないことが多いということでしょう。

そして、このタイプの父親自身の生育歴を見ると、母子密着で育てられていることが多いのです。

小さい頃から母親と密着し、父親との接点をあまり持たないまま育ってきたので、父親として子どもにどう接したらいいのかわからないのです。

こう考えていくと、核家族は母子密着を生み、それが家族をめぐるさまざまな問題に結びついているのがわかります。

妻の「主人在宅ストレス症候群」とは？

いままで夫の帰宅拒否症候群をめぐる問題を考えてきましたが、一方で、問題になっているのが妻の「主人在宅ストレス症候群」です。

昔から、「亭主、元気で留守がいい」という言葉がありますが、この心理状態がさらに深刻化したもので、夫が家にいると、うっとうしいのはもちろんのこと、体調を崩《くず》すことまで起きてくる状態をいいます。

これは医学博士の黒川順夫《くろかわのぶお》さんが名づけたもので、もともとは夫が定年退職し、毎日家にいる状況の中で出てきたものでした。

ところが最近では、連休で夫が数日家にいるという状況でも起きるケースが少なくないそうです。なかには、いつも帰宅が遅い夫がたまに早く帰ってくると、体調が悪くなるという例まであるといいます。

症状が悪化すると、更年期《こうねんき》障害に似ただるさや冷や汗、低血糖症候群による震《ふる》え、胃潰《いかい》瘍《よう》、十二指腸潰瘍、過敏性腸症候群や気管支喘息《きかんしぜんそく》まで起こるケースがあるといいます。

前項にあげた夫の「帰宅拒否症候群」は、どちらかといえば妻が強い立場にあるケースが多いのですが、この在宅ストレスは夫が亭主関白気味で妻が弱い立場にある場合が多いといわれています。

たしかに、夫が一日中、家にいる休日、家事を手伝うでもなく、ずっとテレビの前でゴロゴロしている。ふだんはお茶漬けかおにぎりですませている昼食は、ちゃんとしたものをつくらないと機嫌《きげん》が悪い。脱いだ衣類は放ったらかし、さらにゴロゴロしているから掃除も満足にできない。

こうなると、誰だって、「もう、いいかげんにして！」と言いたくなる気持ち、わかりますよね。

でも、こんなふうに言える奥さんは主人在宅ストレス症候群にはなりません。言いたいけど言えなくて、自分の中に溜《た》めこんでしまうタイプの人が要注意なのです。

幸せ家族もダメ家族も、つくってきたのは自分自身

前に「仮面夫婦」として取りあげたNさんのケースを見ていると、家庭、家族ってなんだろうと、つくづく考えさせられますね。

私たちは、ふつう、ひとつの家庭、家族から生まれ、成長して別の相手と新しい家庭、家族をつくります。

最初のスタートのときは、誰だって楽しい、幸せな家庭を築《きず》いていこうと願っていますね。それなのに、それがいつの間にか、Nさんのような家庭、家族になっていく。悲しいことですね。

でも、みなさん、考えてみてください。

Nさん夫婦ほどではないにしても、家庭の中に決して温かくはない空気が流れていることってありますよね？

一緒にいるのが楽しくない。

一緒にいて、ふっと幸せを感じることがない。

それじゃ、なぜ、あなたは家庭を築こうとしていたのでしょう？

もう一度、しっかり考えてみたいですね。


家庭、家族ってなんだろうなんて考える暇も余裕もなかった。

そうおっしゃる方がいるかもしれませんね。

たしかに、仕事に、家事に、育児に追われ、あっという間に年月がたったということもあるでしょう。なかには、経済的な問題に直面して苦労しつづけたという人もいることでしょう。


でも家庭、家族って、当たり前のようにあって、当たり前のようにできているものではありません。意識しようと、していなかろうと、私たちがつくっているのです。

いま、もし、あなたの家庭、家族が冷たい空気の中にあるとしたら、それはあなたが長い年月をかけて自分自身でつくりあげてきたものなのです。

第3章　知らないうちに機能不全家族になっている⁉

家族の役目を果たしていない家族とは？

こうして考えてみると、家族をめぐるいろいろな問題があります。数えあげたら、きりがないくらいです。

こうした諸々《もろもろ》で機能しなくなった家族を「機能不全家族」と呼びます。

外見上は家族の形をしていながら、家族としての役目を果たしていない家族のことですね。

「子どもを守る」というのは家族の大事な機能のひとつですが、虐待《ぎゃくたい》やＤＶで子どもが直接的な被害にさらされている場合などが一例です。

他にも、両親やそのどちらかがアルコールや薬物、ギャンブルなどの依存症であるために機能不全に陥《おちい》っているケースもあります。家庭、家族のいろいろな問題の例としてあげた両親の不仲や冷たい空気などが原因で、家族が本来の機能を果たせないこともあります。

アメリカのセラピスト、ウェイン・クリッツバーグの『The Adult Children of

Alcoholics Syndrome（ＡＣＯＡ症候群）』という本であげている機能不全家族の10の特徴を紹介しておきますね。

1　強固なルールがある
2　家族それぞれに強固な役割がある
3　家族に共有されている秘密がある
4　家族に他人が入りこむことへの抵抗がある
5　きまじめであまりユーモアのセンスがない
6　家族成員にプライバシーがない（個人間の境界が曖昧《あいまい》）
7　家族への偽《にせ》の忠誠（家族成員は家族から去ることが許されていない）
8　家族の間にいざこざやトラブルがあっても無視される
9　変化を嫌い、抵抗する
10　家族は分断され、一体感がない

もしかするとわが家も？　機能不全家族チェックリスト

クリッツバーグがあげている特徴が、少し抽象的な部分があってわかりづらいという方がいるかもしれませんね。

そこで、やはりセラピストのロビン・ノーウッドがあげている機能不全家族のチェックリストを紹介します。ノーウッドは、この中で一つでも該当《がいとう》するものがあれば機能不全家族だということができる、としています。

a　アルコールと薬（処方されたものであれ、禁止されたものであれ）、またはいずれか一方の濫用《らんよう》が行われている家庭。

b　食べること、仕事、ギャンブル、浪費、エクササイズ、清潔にすること等々。それらに対する強迫的とも言える行動が見られる家庭。

c　配偶者《はいぐうしゃ》と子ども、あるいは、いずれか一方に対して暴力がふるわれる家庭。

d「性的そそのかし」から近親姦まで、親からの子どもに対する不適当な性的行動が見られる家庭。
e　永続的な口論と緊張状態にある家庭。
f　両親の長期にわたる、無言の対立が見られる家庭。
g　両親間に相反する態度や価値観のズレがある家庭。子ども同士に両親への忠誠を競い合わせる家庭。
h　互いに、あるいは子どもたちと張り合う両親のいる家庭。
i　家族と心からうちとけることができず、自分から家族を避けながら、それを家族の責任にする親のいる家庭。
j　次のようなものに対して極端に厳格な家庭。金銭、信仰、仕事、時間の使いかた、愛情の示しかた、セックス、テレビ、家事、スポーツ、政治等々。

（ロビン・ノーウッド　落合恵子訳『愛しすぎる女たち』中公文庫）

どうですか？

当てはまらないとしても、近いという項目があれば、要注意ですよ。

家族のコミュニケーションを壊す4つの会話

ワシントン大学の名誉教授で、人間関係の研究で有名なジョン・ゴットマン博士は、夫婦に15分間会話してもらうだけで、彼らが4年以内に離婚するかどうか85パーセントの確率で言い当てられるといいます。

それだけ多くのデータと分析を積み重ねてきたのでしょう。

そのゴットマン博士は、「幸せな夫婦の69パーセントが、10年後にも同じ未解決の争いを抱えている」と述べています。つまり、仲のいい夫婦は、決して意見が一致することが多いわけではなく、上手に意見の対立や不満などを乗り越えているということですね。

これは夫婦だけでなく、ビジネスにおけるチームでも同じで、高い成果を出すチームほど、自己主張や意見の表現のしあいが活発におこなわれるという結果が報告されています。

もちろん家族にも通じることですね。

ゴットマン博士によると、夫婦のコミュニケーションを壊す会話は、次の4つの要素で構成されているといいます。

1　批判（Criticism）
2　自己防衛（Defensiveness）
3　はぐらかし／拒絶（Stonewalling）
4　見下し／侮辱《ぶじょく》（Contempt）

この4つです。

ひとつひとつ考えてみましょうか。

まず「批判」です。

たとえば、なかなか家事を手伝ってくれない夫に対して、

「少しは手伝ってよ。あなたって最低ね。○○さんのご主人が羨《うらや》ましいわ」

そんなふうに言ったとします。これでは、まさに批判ですよね。さらに子どもに対して、

「まだ片づけやってないの。ダメな子ねぇ」

これも批判ですよね。

では家族のコミュニケーションをアップするには、どんな言い方がいいのでしょうか？

まず「あなた」「おまえ」という二人称から話しはじめないことですね。

何か言いたいことがあるときは、「私」「僕」といった一人称を主語に使いましょう。前の例で言い換えてみましょう。

「私、ちょっと疲れているので、手伝ってくれるとすごくうれしいんだけど」

「ママ、お部屋がきれいなの大好き。片づけしてくれると、超喜んじゃうけどなぁ」

こんな感じですね。

主語を一人称から始めると、自然にあとが続いてきますよ。

次に「自己防衛」です。

批判をされたり、何か注文をつけられたりすると、人はそれを攻撃と受け取り、自分を守ろうとします。つい、「いやぁ、こっちはこっちでいろいろ忙しいんでね」とか、子どもの場合なら、「いま、やろうとしていたのに」と自己防衛の言葉を発してしまいがちです。

こうした場合、相手はさらに強い言葉を発して糾弾《きゅうだん》してきます。そうでなくても、「これはダメだ」とコミュニケーションを中断してしまいます。

では、どんな反応がいいのでしょう？

まずは相手の言葉を受け入れることですね。

「たいへんだから、少し協力してほしいわけだね」などと相手の言葉をそのまま使うと、続く言葉が出やすくなります。

そのうえで、「わかった。じゃ、部屋の掃除を手伝おうか」と具体的な提案をすれば、コミュニケーションが進みます。

次は「はぐらかし／拒絶」です。

たとえば批判や愚痴《ぐち》でなくても、話しかけを無視したり、「いま、それどころじゃない」と拒絶してしまうことがあります。一度は受け入れの言葉を発してから、やんわりと「あとにしてくれるとうれしいんだけど」というふうに添えると、コミュニケーションがうまく進みます。

夫婦の喧嘩《けんか》でいちばん多いのは、女性の批判や攻撃で言い争いが始まり、お互いが感情をぶつけあい、どんどんエスカレートするというケースです。こうなると、多くの場合、男性側が口も心もシャットアウトしてしまいます。

これではコミュニケーション自体が閉ざされてしまいますので、繰り返すことで関係が悪化しますよね。口も心も閉ざしてしまうことは、相手と理解しあう姿勢を放棄することですからコミュニケーションの進みようがありません。

こういう場合は、「少し頭を冷やしてから話そうか」とひとこと添えるだけで、かなりの効果がありますよ。

さて、最後の「見下し／侮辱」です。

最初の例であげた「○○さんのご主人が羨ましいわ」というのは、この例にもなります。見下し、侮辱の困った例は「誰のおかげで飯を食えてると思うんだ」という、昔ながらの男性の言葉でしょうか。これでは、まるで家族は自分の付属物のようですね。

また女性の側から、「○○さんのお宅のご主人は、うちの2倍もお給料もらっているそうよ」といった種類の侮辱もあります。

子どもに対する言葉では、知らず知らずのうちにとはいいながら、見下し、侮辱の言葉は少なくありません。

「本当にダメな子ね」

「子どもなんだから、親の言うことを聞きなさい」

など、つい口にしてしまいがちですよね。これは一方的な断言、命令ですから、正常な

コミュニケーションは育ちません。さらに、

「あんたなんか私の子じゃないわ」

などというのは、最大の侮辱言葉です。これはコミュニケーションを断つだけでなく、子どもの心に大きな傷を残してしまいます。

問題が起こりやすい関係がわかる「ゴットマン比率」

ゴットマン博士が提示している「ゴットマン比率」というものがあります。博士によると、ネガティブな言葉とポジティブな言葉の比率がある一定値を超えると、人間関係が壊れやすいというのです。その比率は次のようになっています。

1　親子──ポジティブな言葉3：ネガティブな言葉1
2　上司と部下──ポジティブな言葉4：ネガティブな言葉1
3　夫婦や恋人──ポジティブな言葉5：ネガティブな言葉1
4　友人──ポジティブな言葉8：ネガティブな言葉1
5　スポーツのコーチと教え子──ポジティブな言葉10：ネガティブな言葉1
6　お店の従業員と客──ポジティブな言葉20：ネガティブな言葉1

つまり親子であれば、３回ほめていれば１回くらい叱《しか》っても人間関係に問題は起こらないということです。

逆にいえば、１回否定的な言葉を投げつけたら、３回ほめないと問題が起こるということになりますね。

同じように夫婦や恋人同士は５回ポジティブな言葉を投げていれば、１回くらいネガティブな言葉を発しても問題は起こらないというわけです。

そして興味深いのは、許容できるネガティブな言葉の比率が親子、夫婦・恋人に比べると、友人など家族以外の関係では小さくなっているということです。

つまり関係性がゆるやかであるほど、ネガティブな言葉が及ぼす影響は大きいということになります。逆に家族のような緊密な関係性がある場合は、比較的ネガティブな言葉が及ぼす影響は小さいのです。

これは家族などにはもともと一定の信頼関係があるため、ネガティブな言葉であっても受ける衝撃がゆるやかだということでしょう。

「約束が守れないね」といわれたときのことを考えてみましょう。

家族でなく、外部の人の場合は、ちょっとショックですよね。

でも、言葉によってはベースにある信頼性を崩《くず》してしまうケースもありますから、たとえ家族であっても心して注意する必要があります。

ヒーローから問題児まで、家族には5つの役割がある

家族心理学では、家族には5つの役割があるといわれます。

1 ヒーロー（ヒロイン、スター）
2 チャーマー（マスコット、ピエロ）
3 殉教者《じゅんきょうしゃ》（犠牲者）
4 傍観者《ぼうかんしゃ》（家なき子）
5 問題児（悪役、スケープゴート）

この5つです。

人は知らず知らずのうちに、なんらかの役割を担《にな》っていて、家族の間で一度身につけた役割はおとなになっても人間関係の中に持ちこまれます。

まず「ヒーロー」ですが、文字どおり家族の中心になって家族の幸せをつくっていこうとするパターンです。性格的には、ミスや失敗をすると自分を責めて落ちこんでしまう、もっと努力しなければといつも自分を追い立ててしまう、いい意味で注目されることを目的にする、などの傾向があります。

一般的には父親、長男、長女がこの役割を選ぶことが多いです。

次に「チャーマー」です。かわいがられることで家族を助けようとするパターンで、笑いをとることや楽しませることに意識を向けていきます。性格的には、「落ち着きのない子」といわれたり、場がシラけたり、気まずい雰囲気になると不安を感じるといったタイプです。

一般的には末っ子などがこの役割を負います。

「殉教者」ですが、家族の痛みや苦しみを一身に引き受けることで、家族をよい方向に向けようとするパターンです。つまり、このタイプが苦しみを背負ってくれているので、他の家族は自分の痛みを感じなくてすむようになります。

一般的には母親や病気がちな家族がこの役割を担います。

4番目の「傍観者」はLost childとも呼ばれ、家族の中に居場所を見つけられず、迷子のようになっているパターンです。家族からは少し距離を置き、外側から家族を眺《なが》めることができるため、広い視野で家族の問題点を見極《みきわ》めることができます。

一般的には次男、次女、あるいは父親がこのポジションに入ることが多いようです。

最後「問題児」です。

親や教師に反抗することで、自分の存在を目立たせようとするタイプです。自分が悪役になることで、家族の負《ふ》の面をすべて引き受け、家族は問題児にマイナスを被《かぶ》せることで自分自身の問題から目を逸《そ》らすことができるのです。

つまり、たとえば、親がまわりからあまりいい評判でない場合、子どもが非行に走り、親以上に悪い評判を得ることで、親に向いていた悪い評価をかき消そうとすることです。

どうですか？

問題児のようなマイナスの側面が強い役割であっても、じつは家族をよりよい形に保とうとする意味を持っているのです。

そして、この役割は変化する場合もありますし、兼務する場合もあります。第５章でお話しする東日本大震災で母親を亡くした少女の場合、傍観者か問題児に近かった彼女は母親がいなくなったことで、殉教者の役を担うのです。

こうして家族の誰かがいなくなったりした場合は、その役割を他の家族が埋めようとします。つまり家族としてのバランスをとろうとするわけです。

無意識のうちにも、こうして家族の形を保とうとするシステムが働くのは、やはり家族がそれだけの意味を持っているからではないでしょうか。

家族それぞれが抱える心の問題点

家族の期待を一身に背負うヒーローは、まさに言うことなしの優等生のようですが、いろいろな問題を抱えてしまう例は少なくありません。

期待を背負うあまり過剰《かじょう》にがんばってしまい、ちょっとした挫折《ざせつ》で立ち直れなくなってしまうことがあります。また、責任感が強い分、まわりを無視して強引《ごういん》な行動をとり、まわりから浮いてしまうことがあります。

心理的な問題は、まわりから愛されているように見えながら、本人には愛されているという自覚がないことです。愛されているように見えるのは、自分ががんばって得た学歴や職歴のためだと感じ、素《す》の自分に自信をなくしてしまうのです。

同じ心理的な問題は、チャーマーにもあります。

つまり自分が愛されているのは、おもしろいから、まわりを楽しませているからで、本当の自分が愛されているのではないと感じているのです。

また、チャーマーの場合は家族にかわいがられるために、いつまでも子どもでいようとすることで、おとなへの成長を妨《さまた》げられることがあります。それが続くと、今度は自分は何もできないと自信を失ってしまうのです。

殉教者は、もともと犠牲や我慢《がまん》を自分に強《し》いていますから、それだけ抑圧やストレスにさらされています。うつなど精神的なトラブルを抱えることも少なくありませんし、家庭内暴力や性的虐待などの被害を背負ってしまうこともあります。

傍観者はもともと家族との関係性も薄く、人とのつきあいも苦手《にがて》です。それだけに孤独になることが多く、厭世的《えんせいてき》な気分に陥ることがあります。

最後に問題児ですが、潜在的な罪悪感《ざいあくかん》を持ちつづけ、社会の陰から闇《やみ》へと向かう意識にとらわれるようになります。

また、人生に絶望したり、やけになったりすることも多く、その結果、自分の存在そのものに意味を感じなくなり、死の誘惑に駆られることも出てきます。ときには自己破壊的行動、あるいは暴力的な行動に出ることもあります。

こうした問題点をきちんと知っておくことが大切ですね。

機能不全家族が持つ暗黙のルール

家族の中で子どもがすくすく育っていくためには、十分に愛される居心地のいい環境が欠かせません。

とはいっても、どんな家庭、家族にも、いろいろな問題があります。

家族の中心になる両親の仲がよくない、親戚との関係、経済的な問題などさまざまでしょう。いつでもきちんとしていて、１００パーセント万全ということはほとんどないといってもいいかもしれませんね。

でも、こうした問題があるから、即機能不全家族というわけではないのです。

問題なのは家族の機能を阻害《そがい》する状態が固定的に続き、その状態がシステムになってしまっている場合です。さまざまな依存症や虐待などが代表的な例ですが、それが固定化されたケースが機能不全家族ということになります。

それでは機能不全家族には、どんなことが起こるのでしょう？

アダルトチルドレンという概念の生みの親であるクラウディア・ブラック博士は、機能不全家族には次のような暗黙のルールが存在すると指摘しています。

「話すな」

「感じるな」

「信頼するな」

この3つが基本のルールです。

「話すな」というのは、会話をするなということではありませんよ。家族の中にある問題について話しあうこと、また問題を外部の人に話すことという意味です。

「感じるな」というのは、怒り、悲しみなどの感情は押し殺し、感情を表に出さないことという意味ですね。

「信頼するな」は、文字どおりの意味で、他人を信頼したり、頼ったりすると、ロクなことがないということです。

ブラック博士は、この3つに加えてさらに4つのルールも提示しています。

「考えるな・疑問を持つな」

「要求するな」

「遊んではいけない」

「間違えてはいけない」

この４つです。

ここで、みなさん何か気づいたことはありませんか？

そうですよ！　機能不全家族にならないためには、このルールをすべて逆に実行すればいいということです。

つまり、こういうことです。

家族の中の問題は、積極的に話しあおう！

感情は表に出してちゃんと伝えよう！

お互いを信頼しあおう！

いっぱい考えて、失敗を恐れず行動しよう！

家族にやってほしいことは、きちんと口に出して言おう！

ときには気分転換で楽しもう！

こうすれば、機能不全家族にならないですむということです。

どうですか、簡単ですよね。

家族からどのような影響を受けてきたかをチェック

機能不全家族のことについてお話ししてきましたが、「もしかすると私も？」……そう感じられる方がいらっしゃると思います。

ここで、あなたの家族が機能不全かどうか、もう一度チェックしてみましょう。

このチェックは、機能不全家族の影響がいまのあなたに及んでいるかどうかという点がポイントになっています。

〈親やきょうだいに関する質問です〉

Q1　親が依存症や共依存だった　YES　NO

Q2　親に殴《なぐ》られたり、蹴《け》られたりしたことがある　YES　NO

Q3　親が怒りにまかせてドアや壁を壊したことがある　YES　NO

Q4　自分の大切にしている物やペットを傷つけられたことがある　YES　NO

Q5　「バカ」「醜《みにく》い」「チビ」などとののしられたことがある　YES　NO

Q6　「ろくでなし」「クズ」「死んでしまえ」などと言われたことがある　YES　NO

Q7　親に励まされたり、ほめられることはほとんどなく、いつもけなされてばかりいた　YES　NO

Q8　他人やきょうだいといつも比べられた　YES　NO

Q9　DV（家庭内暴力）があった　YES　NO

Q10　両親がいつも喧嘩していた　YES　NO

Q11　親の期待が大きすぎるため、何をやっても親に満足してもらえなかった　YES　NO

Q12　日常的な食事、睡眠、また服装や髪型などの身づくろいについて、異常に細かく詮《せん》索《さく》された　YES　NO

Q13　学校や仕事、友人や恋人などのことに、いちいち介入された　YES　NO

Q14　親が近くにいると緊張して神経がピリピリした　YES　NO

Q15　他人の目を気にする、表面だけうまくふるまう家族だった　YES　NO

Q16　親に子どもの世話をする力がなく、子どもが親の役割を引き受けたり、親の愚痴を聞いて慰《なぐさ》めたりしていた　YES　NO

Q17　親の前で怒り、恐れ、悲しみなどの感情をあらわすことを恐れていた　YES　NO

〈現在のあなたについての質問です〉

Q18　心身ともに親から離れるのに長い年月がかかった　YES　NO

Q19　親が会いに来るときは、ひどく緊張する　YES　NO

Q20　自分が親のように行動していることに気づくとゾッとする　YES　NO

Q21　いつも誰かに見張られているような気がする　YES　NO

Q22　いつも失敗しないか、何かに追い立てられているような気がしていて、安心したり満足することがない　YES　NO

Q23　子どもをつくることに強い抵抗感がある　YES　NO

どうでしたか？

23項目の質問のうち、15以上のＹＥＳがあった方は、機能不全家族に育った可能性がかなりあります。

６～14項目の方は、機能不全の傾向がある家族ですが、現在に大きな影響は及ぼしていないケースが多いと思います。

５項目以下なら、ほぼ問題はないでしょう。

問題は、かつて機能不全家族の中で育ち、いまも何らかの影響を受けている方です。

では、そこからどのように自分を解放するか、考えてみましょう。

機能不全家族から自由になる4つのプロセス

解放される第一歩は、親を憎むことです。

親の強い束縛《そくばく》から心のトラブルを抱え、そこを乗り越えたケースを紹介しましょう。テレビやラジオでの歯に衣着《きぬき》せぬ発言で人気のタレント、小島慶子《こじまけいこ》さんのケースです。

小島さんが出版した『解縛《げばく》：しんどい親から自由になる』（新潮社）によると、幼い頃から母親に、「一部上場企業に勤める男性と結婚することこそが女性にとっての幸せ」と繰り返し聞かされ、他人の目を気にしながら子どもの人生を勝手に決める母親に支配されるばかりだったそうです。

親の見栄《みえ》で、中学受験で「伝統校」に合格し、郊外の新興住宅地から1時間半かけて通学したのですが、母親の行動はエスカレートするばかり。たとえば友人の話をすると、在校者名簿で住所や父親の勤め先・役職まで調べあげて、この子はダメ、あの子はいいと決めつける始末です。

そのせいで摂食障害《せっしょく》に陥りましたが、母親の束縛は彼女がＴＢＳのアナウンサーになってからも続きましたが、それでも母親を憎むことはできなかったようです。やがて結婚して第二子を出産した直後に不安障害と診断され、カウンセリングを受けています。

そこではじめて、彼女は母親に怒りと憎しみを自認したといいます。

子ども時代の虐待もそうですが、子どもはなかなか親を憎めないのです。すべては自分が悪いからだと受けとってしまうからです。でも憎むことではじめて「自分が悪い」という意識から解放されるのです。

そして自分の感情を整理した小島さんが出した結論は、家族を手放すことだったのです。

「一度家族を諦《あきら》めれば、名前をもった一人の女として母を捉え直すことが出来ました。すると見えてきたのは、娘を支配し憑依《ひょうい》する母親ではなくて、不安げに辺りをうかがう、孤独な少女だったのです」

そう小島さんは著書の中で書かれています。

そうですね、憎しみから理解へのプロセスです。それはやがて許しへとつながっていきます。

機能不全家族の影響から自由になるプロセスは、まず「憎しみ」「手放し」「理解」「許し」ということになりますね。

第4章　バラバラの家族が再生する具体的な方法

一緒に食事をすることで家族はつくられてきた

10年ほど前からでしょうか、「個食」と「孤食」が問題になっています。家族がそれぞれバラバラに食事をとったり、子どもがひとりで食事をすることです。これは、現代の家族を象徴する現象です。

厚生労働省の調査では、家族が一緒に食事をする機会が多い朝食でさえ、ほとんど一緒に食べない家庭が30パーセントを超えています。「1週間に1日だけ」を含めると42パーセントです。これはまた別の問題ですが、朝食をとらずに登校する児童・生徒も少なからずいます。

京都大学総長で人類学者の山極寿一《やまぎわじゅいち》さんによると、人間は一緒に食事をすることで家族をつくりあげてきたといいます。

ちなみにサルは食べ物を分配はしても、共食することはありません。それぞれがバラバラに散らばって、バラバラの場所で食べるのです。

みなさんが動物園に行ってサル山を見たときは、どうだったですか？　ときにボスザルの近くで並んで食べているように見えることがあるかもしれませんが、それはたまたま2頭の距離が近いだけで、一緒に食べているわけではないようです。

それほど、家族にとって食事は大切な意味を持っているのです。

それにもかかわらず、いま「個食」と「孤食」が増えています。

これについて山極さんは言います。

「個食は人間がサルに戻る行為だ」

家族って、基本的には言葉によるコミュニケーションでつくられているものではないのですね。一緒に食事をするなどの、言葉以前の「ふれあい」でつくられているということでしょうか。

こうして考えてみると、人間が人間であるため、そして家族が家族であるためには、みんながそろっていただく食事をもう一度見つめ直してみたいですね。

家族がバラバラになってしまった背景

でも、そんなに大切な食事なのに、いま、どうしてみんながバラバラにとるようになってしまったのでしょうか？

みなさんの家庭はどうでしょうか？

いちばん早いお父さんのあとにお姉さん、それから弟、妹と仕事や学校の時間に合わせ、時間差で食卓につき、お母さんは大忙し。そんな状況ですか？　そして食べるものといえば、お父さんはご飯に納豆、お姉さんはパンにコーヒー、弟たちは菓子パンと、これもバラバラ……なんていうことになっていませんか？

以前の朝ごはんといえば、お母さんが味噌汁の具を切る音を聞きながら目覚め、湯気の立つ味噌汁をいただきながら、みんなが同じものを食べるのがふつうでした。味噌汁の湯気には、家族の温《あたた》かさがこもっていたような気がしました。

ことさらに、言葉を交《か》わさなくても、空気を通じたコミュニケーションがありましたよね。

私は、ここで昔はよかったと言いたいのではありません。

どうして、そんな空気がなくなってしまったのか、みなさんと一緒に考えてみたいと思うからです。

どうですか、みなさんの朝食の光景を思い返してみてください。バラバラで、しかも慌《あわ》ただしくなっているのは、どうしてでしょう？　みんな忙しいから？　なるべく効率的に動きたいから？

この話をしていると、ちょっと古い映画ですが、小津安二郎《おづやすじろう》監督の「東京物語」という名作が思い出されます。ヨーロッパの映画監督たちが影響され、最近では、山田洋次《やまだようじ》監督が「東京家族」というタイトルでリメイクしていますよね。

老夫婦と成人した子どもたちの関係を通して、崩壊していく家族の様子を距離をおいた冷徹な目で描いています。

「親と子の成長を通じて、日本の家族制度がどう崩壊するかを描いたんだ」

後に、小津監督自身、そんなふうに語っています。

もとの話に戻りますが、現代では、社会も家庭も「効率」優位で動いています。

でも、この効率を究極まで突き詰めていくと、「機械」に近づくのではないでしょうか？

ここでもう一度、山極寿一さんの言葉を紹介させていただきます。

「機械の対極にいるのは動物です。動物は予想ができません。疲れます。不服を言います。人間の思うようにならない。現代人のペット志向が非常に強いのは、効率や経済性を推進するトレンドと同時に、自分で思い通りにならない世界の方にも強いトレンドを持っていて、その二つの間で揺れ動いているから。人間は、もともとそういう両面を持っていると思うのです」（新潮社「考える人」２０１５年冬号）

人間の信頼や関係をつくるのは、効率とは逆の方向にあるものだというわけです。

丸テーブルか角テーブルか

みなさんのおうちの食卓では、どんなテーブルを使っていますか？

丸テーブル？　それとも角テーブルですか？

これは、私の勝手な考えかもしれませんが、みんなで囲む食卓は、ぜひ、丸テーブルにしたいですね。

どうしてなのか、その理由をお話しする前に、ちょっと食卓の歴史をおさらいしてみましょうか。

食事といえば、すぐに思い出されるのが、漫画の「サザエさん」や「巨人の星」に登場するちゃぶ台ですね。ときには、星飛雄馬《ほしひゅうま》の父親がする「ちゃぶ台返し」などということもありますが、多くは家族団欒《だんらん》の象徴として考えられていました。

いまでは、お子さんはもちろん、若いお母さん方にもちゃぶ台を知らないという方が多いかもしれませんね。

ちゃぶ台って、ずいぶん古くからあるように思います。でも、これが日本の食卓として登場したのは明治時代の終わり頃だそうです。それまで、食事のときに何を使っていたかというと、いわゆる銘々膳《めいめいぜん》と呼ばれるお膳です。旅館の宴会《えんかい》などで、いまも使われることがあるあれです。

お膳には、身分や家族の立場によって格式が決まっていて、ある意味で封建制と家父長制の象徴でした。これが、みんなが一緒に囲むちゃぶ台になったのは大正以降。本格的に普及したのは、戦後の１９４５年頃だといいます。日本が本当の意味で民主化し、大衆化した時代ですね。

それが、やがてダイニングテーブルに取って代わるのは、各地に団地が建てられ、フローリングのダイニングキッチンができてからだといいます。

こうして見てみると、食卓ひとつとっても、時代の背景がくっきりと浮かんできておもしろいですね。

さて、私が、なぜ丸テーブルをおすすめするかという理由です。

アメリカの大学でおこなったおもしろい実験についてお話ししましょう。教授と学生たちに丸テーブルと角テーブルを使って話しあいをさせたところ、角テーブルを使ったときは、学生たちは教授を「権威主義的であり、攻撃的であった」と評価しました。そして丸テーブルを使ったときは、「公平で、世話好きで、親しみがあり、よく話を聞いてくれ、権威的でなく、オープンな人柄である」という、まったく逆の評価をしたのです。

おもしろいですね。

この実験からもわかるように、丸テーブルはやわらかなコミュニケーションをとりやすいことがわかります。

角テーブルは、ひとつひとつ角があることによって、境界をつくりやすくなって、隣同士を断《た》つ心理効果がありますが、丸テーブルは囲む人みんながつながりやすくなります。

また、お客様などで人数が増えたとき、角テーブルは対応しにくいですが、丸テーブルなら融通《ゆうずう》が利《き》くという利点もありますよね。

そんなわけで、もし、あなたが家族の融和を図《はか》りたいと思うなら、丸テーブルがおすすめですよ！

心のヒーリングタイムのつくり方

みなさんは家族揃《そろ》って食事をすることって、どのくらいありますか？

夕食でも朝食でも、いつでもいいです。まあ、夕食はみんなが揃うことがむずかしいかもしれませんね。でも、朝食はどうでしょう？　これも、なかなかむずかしいですか？

でも、家族の間をよくするには大事なことです。

朝食も無理なら、せめて土曜日や日曜日の食事くらい一緒にとりたいですね。

一緒の食事が家族のコミュニケーションにとって大切だということは言うまでもありませんが、それ以外にも大事なことがあります。

カリフォルニア大学ロサンゼルス校の研究によると、青年のいる家庭では食事を共にすることが、うつ病や薬物乱用を軽減したり、非行を防ぐことと関係があることがわかっています。

食事中のちょっとしたやりとりが、いかに大きな意味を持っているかわかります。

たとえば、「ちょっとそこのスプーンをとって」という会話があったとしましょう。

こんな会話でも、口にした人の語調でその人のちょっとした気分が伝わってきますね。

また、これを受け取る側もやわらかく対応することもあるでしょうし、ちょっときつく対応することもあるでしょう。

簡単な言葉の中に込められる空気の行き来、キャッチボールが存在するのです。

ここに非行などにつながる心の問題をセーブする作用があるのでしょう。

また、家族と食事をすることで子どもや家族の気持ちが穏《おだ》やかになるということもわかっています。そういえば、食事をするときって、みんななるべく嫌《いや》なことや不愉快な話はしないようにしますよね。

もし、その日、少し心が荒れていたとしても、この穏やかな時間を過ごすことが、心のヒーリングタイムになるのでしょうね。

食事中にテレビを見てはいけない5つの理由

家族で一緒に食事はするけど、「いつもテレビを見ながら、テレビがついている中」という人がいると思います。スマホをいじりながらという人もいるかもしれません。

日曜日にファミリーレストランなどに行くと、不思議な光景を見かけることがあります。たとえば親子で食事をしているのに、親も子もそれぞれスマホをいじっていて、まるで会話がないというシーンに出くわすことがあります。高校生のグループなんて、もっとすごいですね。みんなが勝手にスマホをいじりながら、しかもにぎやかにおしゃべりもしています。

いろいろなアンケートや調査を見ると、平均して80パーセント以上が食事のときにテレビを見ているという状態のようです。

「テレビを見ているほうが家族で話がはずむから」という方もいます。

たしかにそういうことがあるかもしれません。ニュースなどいろいろな出来事について話しあえるメリットもあるでしょう。でも、困ることもたくさんあるのです。

日垣隆《ひがきたかし》さんは、『父親のすすめ』（文春新書）という本の中で、食事中にテレビを見てはいけない5つの理由をあげています。

1　食事を作ってくれた人に失礼になる
2　注意力が分散され、味覚が発達障害を起こしやすくなる
3　食事を楽しむ習慣が培《つちか》われなくなる
4　社会勉強を広げる機会が失われる
5　もともと食事が生存競争の場であるという認識が芽生えず、免疫力《めんえきりょく》やサバイバル力が育成されない

この5つです。2については、また後でくわしく触れますが、ちょっと4について説明してみましょう。家族との食事では、当然ながら食事のマナーが身につきますし、言葉を覚えていく大切な場でもあります。親の姿を見て、さまざまなことを身につける場でもあるのです。

「ながら食事」が引き起こす大問題

食事のときにテレビを見てはいけない5つの理由のうちの2に当たる問題を考えてみましょうか。「注意力が分散され、味覚が発達障害を起こしやすくなる」という問題です。これについては、最近、興味深い研究結果が報告されています。

ひとつはオランダのライデン大学研究チームがおこなった、味の印象を答えてもらう記憶テストです。「塩辛《しおから》い」「甘い」「酸《す》っぱい」の3種類の食事を、食事に集中した人と、作業をしながら食事をした人と比べたところ、何か作業をしながら食事をした人は、どの味も薄味に感じる傾向があったというのです。

つまりテレビを見たりスマホをいじりながら食事をすると、味覚が鈍《にぶ》ってしまい、濃い味を好んだり、食べすぎてしまう傾向があるというわけです。

もうひとつはイギリスのブリストル大学がおこなった研究です。食欲に、記憶と注意力がどのように影響しているかを調べたものです。

９品目のランチを、食事に集中したグループと、オンラインのカードゲームをしながら食事をしたグループに分けて調べたところ、次のような結果が出ました。

食事の満足度について、カードゲームをしながら食事をしたグループのほうが、満腹感を感じていないことが判明しました。料理の順番についても、カードゲームをしながら食事をしたグループのほうが、どの順番でどの料理を食べたか記憶が定かでない人が多かったこともわかりました。

さらに注目すべきなのは、食事への満足度の違いが、間食の量にあらわれたのです。ランチのあと1時間してから、それぞれのグループにおやつを出したところ、カードゲームをしながら食事をしたグループは、食事に集中したグループの２倍の量のおやつを食べたのです。

つまりテレビを見たり、スマホをいじりながら食事をすると、体重の増加にかなり影響してしまうというわけです。

家族のコミュニケーションの問題だけでなく、こんな問題も派生するのですから、テレビを見たり、スマホをいじりながらする食事は、やはりおすすめできませんね。特に若い女性やメタボ気味の中高年は、要注意ですね。

大事なミラーニューロンは食卓で活性化⁉

みなさん、ミラーニューロンという言葉を知っていますか？

あえて日本語にすれば、鏡神経細胞とでもなるでしょうか。

人間の脳には、ちょうど鏡に映し出されたかのように人の真似《まね》をする脳の活動があり、これにかかわっているのがミラーニューロンです。ミラーニューロンの研究は、ここ10年くらい急速に進み、さまざまな研究結果が報告されています。

真似をするには相手と同化する必要がありますから、この神経細胞は人の心の状態を理解し、その場にふさわしい対応をするなど、人とのコミュニケーションに深くかかわっていることが明らかにされています。

つまり、家族揃って食事をすることでミラーニューロンは活性化し、親やきょうだいの言葉や動きを真似て自分のものにするのに大いに役立っているというわけです。

スティーブン・コヴィー博士は『7つの習慣　ファミリー』の中でマリアン・M・ジェ

ニングス教授の言葉を紹介しています。

「私が単語の綴《つづ》りを覚えた場所と、ウェディングドレスの裁縫をした場所は同じです。その同じ場所で、毎日学校が終わってからクッキーを食べ、そして大学受験の準備もしました。後になって私の夫になった人は、同じ場所で延々と尋問《じんもん》されました」

ジェニングス教授は、そんなふうに語っています。その場所というのは、もちろん食卓です。そして将来身につけた多くのことを食卓で学んだというのです。ちなみにジェニングス教授は『ウサギはなぜ嘘を許せないのか？』（アスコム）の著者でアリゾナ州立大学の教授です。

どうですか？　みなさんもジェニングス教授と同じ経験があるのではないですか。

それから、これはちょっと蛇足《だそく》かもしれませんが、台所で受験勉強をした子どもの合格率が高いということもあるようです。

このところ、子どものコミュニケーション能力の低下がいわれていますが、家族揃っての団欒の時間が減り、家族バラバラに食事をする家庭が増えたりしていることが大きく影響しているのではないでしょうか。

家族で共通体験ができる年中行事を活用する法

みなさんの家では伝統行事を楽しんでいますか？

日本の伝統行事って、本当にたくさんありますよね。年中行事だけでもお正月から始まって、七草粥《ななくさがゆ》、節分《せつぶん》、桃の節句《せっく》、春のお彼岸《ひがん》、お花見、端午《たんご》の節句、七夕《たなばた》、お盆《ぼん》、お月見、秋のお彼岸、大晦日《おおみそか》と目白押しです。これにクリスマスはもちろん、母の日や父の日、バレンタインデー、ホワイトデー、イースター、ハロウィーンと海外から伝わってきて始まった行事も増えてきました。他に誕生日もありますね。

最近はハロウィーンなどずいぶん派手になってきましたし、スーパーなどで行事用のかぼちゃが売られたりもしています。これは本題から少しはずれるかもしれませんが、ハロウィーンは盛大にやるのに同じ頃のお月見はまるで無関心というのは、いかがなものでしょうか？

ハロウィーンで仮装して騒いでいる若い人たちが知っているかどうかわかりませんが、

ハロウィーンはもともと秋の収穫を感謝するお祭りです。かぼちゃのおばけをつくったり仮装したりするのは魔除《まよ》け、お祓《はら》いの意味があります。

「わが家では子どもが小さい頃から必ず年中行事をやっています。十五夜と十三夜のお月見はしますが、ハロウィーンはやりません。だってお月見も秋の収穫を祝い、神様に感謝する行事ですから、わざわざ外国の収穫を感謝する必要はないですから」

というのは、私の知りあいの奥さんです。

そうですね、たしかに十五夜、十三夜のお月見は秋の収穫を感謝して神様にお供《そな》えをし、秋の夜空にくっきり映《は》える月を楽しむという習慣です。同じ収穫を感謝するハロウィーンをあえてやらなくてもいいという説には一理ありますね。

本題に戻りますが、外国生まれの行事であれ、日本伝統の行事であれ、ぜひ、ご家族で楽しんでほしいものです。

「行事の日はできるだけ家族が揃うようにしているので、楽しいひとときです。それに家族が共通で体験することって大事ですし、子どもの情操《じょうそう》教育にも欠かせないと思います」

これは、この奥さんの言葉です。

定番の「行事食」が家族のキャラクターを育てる

家族が揃って食卓を囲むことが大事だということは、すでにお話ししました。前項では家族で体験を共有する年中行事の大切さについても触れました。

ここでは食事と行事つながりで、もう少しお話ししますね。

私の知りあいの女性でマスコミの仕事をしている20代後半の女性がいます。とても有能な方で、いわゆるキレるタイプの女性です。こういうタイプの女性は、どちらかといえばまわりから浮いた存在になりがちですが、彼女は先輩から信頼され、後輩からも好かれているようなのです。

仕事をするときのきちんとした姿勢と、オフのときのやわらかな雰囲気とのバランスがとてもいいのです。いまどきの20代にしてはコミュニケーション能力も十分にあります。

あるとき、彼女とゆっくりお話をする機会があって、いろいろと聞いているうちに、「そうか、彼女のこのキャラクターはここで培われたのかも」と気づくことがありました。

それは「行事食」でした。

彼女が小学校のときから大学まで、学期の終わりと始まりには母親が必ずお祝いの食事を用意してくれたそうです。彼女が小さいときから大好きだったお赤飯の祝い食です。彼女には弟と妹もいましたが、きょうだいも同じだったそうです。

たとえば、弟が学期終わりのときには、両親はもちろん彼女や妹も弟のわがままを含めた話をたっぷり聞き、みんなで元気に一学期を過ごせたことに感謝したのです。

それと、いまの彼女のキャラクターとどんな関係があるの？

そうお思いですか？　これこそ関係があるのですよ。

こうした行事は、まず前項であげた家族の共有体験になります。そして、それが習慣化されることで生きるうえでの感性や性格がつくられていくのです。

心理学的にも「習慣」がいい結果につながる！

その人の人生や行動に習慣があたえる影響は、計り知れないものがあります。

『カエルを食べてしまえ！』（ダイヤモンド社）という、おもしろいタイトルのベストセラーで知られている自己啓発の大家、ブライアン・トレーシーは次のように述べています。

「あなたの行動のほとんどすべて、少なくとも95％はあなた自身の習慣によって決まっている」

話は少し変わりますが、アメリカのメジャーリーグで活躍しているイチロー選手は、毎日の生活を徹底的にルーティン化していることで知られています。朝起きる時間から、食べるもの、球場に入る時間、練習前のストレッチから練習の順番、さらに球場に入るときに右足から入るのか左足から入るのかまで毎日同じ行動をとっているといいます。

これは行動を習慣化することで、いい結果が得られると、同じ行動をするたびにいい結果を得たときのイメージが浮かび、それがさらにいい結果につながるという心理学的な効果を期待したものです。

さて前項でお話しした20代の女性のことですが、学期の終わりと始まりにお赤飯を食べることで、そのたびに両親やきょうだいへの思いがリピートされ、その積み重ねがコミュニケーション能力を生み、まわりから信頼され期待される性格へとつながったのではないでしょうか。

ちなみに、いまでもお赤飯を食べるかどうか聞いてみると、彼女の答えはこうでした。

「もちろん食べます。お赤飯をいただくと、なんだかほっとしたような温かい気持ちになるんです」

そんなわけで、日々の折節《おりふし》だけでなく、なんとなく心が沈んだときや落ちこんだときに自分で炊《た》いて食べているそうです。

みなさんも、ぜひ、節目の「定番」をつくってみてください。

その効果はすぐにはわからないかもしれませんが、きっと「あれ？」と感じるときがくるはずですよ。

体験を共有するもう一つの方法

家族で体験を共有するという意味では、旅行もいい機会になります。

楽しいことがあれば、みんなの楽しい思い出になりますし、旅行の途中、たいへんだったことがあれば、それもまた家族共有の思い出になります。

でもね、気をつけていただきたいことがあります。

きっと、みなさんも、旅行に行ったときはたくさん写真を撮りますよね。いまは簡単で高性能のカメラがありますし、スマホでも高画質の撮影が可能です。

この便利さが、ちょっと困りものなのです。

私も東京心理教育研究所主催の宿泊セミナーでいろいろな場所に出かけます。もちろん素晴らしい景色の場所がありますし、いろいろな物や人との出会いがあります。

一度、「ええっ！」と思ったことがあります。

それはカナダでオーロラを見たときのことです。運よく素晴らしいオーロラを見ることができて、あとで参加した人たちに感想を聞いてみると、「写真を撮るのに夢中で、あまりちゃんと見ていないんです」。

そうおっしゃる方がいたのです。

「でも、ほら見てください。こんなにきれいな写真が撮れました。素晴らしいでしょう？」

そういわれて、「あら、あら」と思ってしまったのです。

だってね、高いお金を払って遠いカナダまで来ているんですよ。それなのに、美しい風景をちゃんと自分の目で見ないなんて！　考えられますか？　いくらきれいな写真を撮ったって、写真ならいつでも見られるじゃないですか。

でも、こういうことってみなさんも経験ありませんか？

家族旅行に行っても、写真を撮るのに夢中で風景や食べたものをほとんど覚えていないことって、ありませんか？

これって、本末転倒。

体験したことを心に焼きつけることで、本当の共有体験になるのですよね。

思い出は心に焼きつければ色褪せないし、破損もしない

最近は一般の方もツイッターなどのSNSに、その日の出来事を写真に撮ってアップすることが増えました。食事をしても、「写真、写真！」とせわしなく、ゆっくり食事を楽しむ余裕がないなんてこともあります。

そういえば、前に紹介した、子どもの学期の終わりと始まりにお赤飯でお祝いするという家族は、家族旅行などに行ってもほとんど写真を撮らないそうです。

「わが家では子どもが小さいときの運動会の写真もほとんど撮っていませんね。最初は撮っていたんですが、撮っている最中はそのことに夢中で、自分の目でじかに子どもが走っている姿を見てあげられないことに気づいたのです。それで写真を撮らなくなりました。全然撮らないわけではないんですが、まず子どもが一生懸命走っている姿を、自分の目で直接見ることを優先させたのです」

一家のお母さんの言葉です。

そのお子さんは、いまは21歳になっていますが、いまでも運動会のときの表情や光景を5つくらいははっきりと思い浮かべることができるそうです。そして、そのときの子どもの一生懸命な表情を思い出すと、21歳になってもなお、子どもが愛《いと》おしく感じられるそうです。

「でも写真ならいつだって見られるし、素敵な表情だって写ってますよ！」

そうおっしゃる方がいるかもしれませんね。

そうですね、もちろん写真がいけないわけではありませんし、たしかにいつでも取り出して見ることもできますよね。

でも、どうでしょう？

そのときの子どもの表情や姿を再現できるのは、写真を取り出して見たときだけですよね？　でも、目に焼きつけていれば、どうでしょう。一生懸命に走る子どもがいつもお母さんやお父さん、家族と一緒にいてくれるのです。

その方のお子さんは、きっと結婚して子どもが生まれても、同じように自分の目に焼きつけることを大切にするのではないでしょうか。

第5章　それぞれの「居場所」を求めて

「いくじい」「いくばあ」の出番

この数年、祖父母が孫の育児をサポートする「いくじい」「いくばあ」という言葉をよく耳にするようになりました。孫育てをする祖父母のための育児書まで目にします。さらに孫と一緒に旅をする「孫旅」の案内も増えましたよね。

もともと日本の伝統的な育児の中では、祖父母の子育てサポートは当たり前でした。というのも、かつての日本では祖父母を含めた三世代が同居するケースが多く、ごく自然な形で孫の育児サポートがおこなわれていたからです。

この時代への回帰という意識があるのかもしれませんが、いまの日本は核家族がほとんどです。「いくじい」「いくばあ」の形も、さまざまに変化しています。

「育児を手伝ってくれるのはいいのですが、こちらの育児方針をあれこれ批判したり、昔のままのやり方をそのまま押しつけようとするので、うんざりしています」

そのようにぼやく若いお母さん方が少なくありません。

どうですか、みなさんも心当たりがあるのではないですか？

たしかにさまざまな問題点はあるのですが、素晴らしいことだってたくさんあります。

祖父母の孫育てサポートに対する不満で、いちばん多いのは「甘すぎる」という点です。たとえば、甘いものを欲しがってダダをこねる幼児に、すぐ要求どおりにあたえてしまうなどです。せっかく親が言い聞かせたり、なだめたりして甘いものの食べすぎをコントロールしようとしているのに、「いままでの苦労はなんだったの！」と憤《いきどお》ってしまいます。

いままでの子育て論では、祖父母の孫に対する甘やかしは、「孫に対して責任がないからだ」として、どちらかといえば否定的にとらえられていました。

でも、この甘さ、甘やかしが、いくじい、いくばあのいちばん素晴らしいところだとも、私は思うのです。

なぜでしょうか？

祖父母が「救命ボート」になるとき

いままでお話やいろいろな本の中で、子どもにとっての「甘え」は「心のビタミン」と繰り返してきました。

つまり、子どもがのびのびと育つために欠かせない心の栄養素でもあるのです。甘えることで、子どもは「受け入れられた」と安心し、相手に対する「信頼」が生まれます。「自分は大切な存在なのだ」「生きていていい存在なのだ」という意識が自己肯定感を築《きず》きあげ、それが自信や自立につながっていくのです。

親が子どもに対して期待をしすぎるため、勉強から生活習慣、いわゆるしつけにまで厳《きび》しすぎる姿をいままでたくさん見てきました。その結果、登校拒否や摂食《せっしょく》障害といった心のトラブルを抱えた子どもたちにも接してきました。

親は、子どもを叱《しか》るときに、「これは、あなたのために言っているのよ」などと、よく口にします。でも、親が子どもに期待し、厳しく接するのは、心理学的に見ると、じつは自己願望なのです。

子どもの目は、おとなが思っている以上に鋭いので、この事実をすぐに見抜いてしまいます。そして、「ママ（パパ）は、私より自分を愛している」そう判断してしまうのです。

これが、「私はいなくてもいい存在なのだ」と自己否定につながり、自立心や自信をなくします。さらにひどくなると、いろいろな心のトラブルを起こしてしまうのです。

こんな状況の中に祖父母がいると、子どもにとっては救いになります。逃げ場にもなります。

親が厳しく言っているのに、祖父母が子どものわがままを聞いてしまったり、逆になだめたりするのは、親にとっては腹立たしい限りですが、子どもにとってはうれしいぬくもりでもあるのです。

子どもの心にとって、いちばんの問題は「居場所」があるかどうかです。

居場所がない！　そう感じたときに祖父母が出す「助け舟」は、子どもにとって文字どおりの「救命ボート」でもあるのです。

親とは違う「ゆるさ」「距離感」がパワーの秘密

「祖父母が孫を甘やかすのは、自分の子どもと違って責任がないからだ」

そんな言葉をよく耳にします。

たしかに親ほどの責任の意識はないかもしれません。

でも、「だからこそ」というプラス面もあるのです。

プラス面のベースにあるのは「距離感」です。「孫なのだから」という意識が親子とは違った微妙な距離感を生み、それが「ゆるさ」につながります。

たとえば、「しつけ」のような事柄についても、親はかなり厳しく接しますが、祖父母になると、「まぁ、そんなに厳しいことを言わなくても」そんな対応になるケースが多いものです。

親にとっては、それが歯がゆく不満にもなるのですが、子どもにとってはうれしい逃げ道になっていることが少なくありません。親は子どもを叱ったりするときに、つい逃げ道をふさいでしまいがちですから、なおさらです。

いまと違って大家族が多かった昔は、祖父母のゆるさがうまく家族の中のバランスをとっていた面もあります。また、その頃は地域社会も子育ての場のひとつでした。

本来の子育ては、そのようにさまざまな面からバランスのいい形でおこなわれるのが理想ですね。

だから、せめて祖父母のゆるさを取りこんでほしいのです。

バランスのいいゆるさの中で育《はぐく》まれた子どもは、厳しさを含んだ親の愛とあいまって自己肯定感を育てます。厳しさの中だけで育つと、「拒否された」という意識が強くなり、子どもは自己肯定感が低くなります。

「受け入れられた」と思うと自己肯定感が育ち、それが自立心や自信にもつながって子どもはのびのびと成長していきます。

それから、祖父母との距離感には、親を隔《へだ》てたやや離れた関係の中だけでなく、もうひとつ「時間」「経験」がもたらす距離感もあるのです。

子育ての結果を知っている、じじ・ばばの力

「時間」と「経験」がもたらす距離感とは、いったい何でしょう？

それは、孫の子育てが二度目の子育てであり、自分が子どもを育てた結果も目の前にあるということの強みです。

親にとっては、子育てははじめての体験です。

大きな期待も抱きますし、同時に責任も感じます。とにかく一生懸命です。親にとって最初の子どもはもちろんですし、二番目、三番目でも同じことです。二番目、三番目になれば、少しは慣れてくるかもしれませんが、子育ての結果はまだ見ていないのです。

「これで、ちゃんとした子に育つだろうか？」

「私の子育ては間違っていたのではないだろうか？」

いつも不安と心配に駆られます。

これが祖父、祖母ではどうでしょうか？

彼ら、すでに自分の子どもを育て終わっています。

一生懸命に育てた結果が、よくも悪くも目の前にあります。

たとえば、片づけのできない子どもに対して親は、「このままではだらしのないおとなになってしまう！」と感じ、必死で対処しようとします。でも、祖父母だったら、「必死になってしつけても子どもは変わらなかったし、おとなになってみれば別にだらしないおとなになっているわけでもない」と知っているのです。

だから、「いくら言っても効《き》き目がないときはダメ」と、そんなに必死になろうとしないのです。

「結局、自分でわかるときが来るのだから」と、どっしり構えて孫に接します。

「ダメだよ、ちゃんと片づけないと」そう言ったとしても、親とは温度差があります。

親はそれを「甘い」と感じてしまいますが、子どもはきつく言われるより逆に耳に入るのです。

子どもが少し背伸びしてがんばる「孫旅」

ここ数年、「孫旅」という言葉をよく耳にするようになりました。

文字どおり、祖父母と孫の子どもたちが一緒に旅行をするということですが、みなさんもすでにやっているかもしれませんね。

旅行会社などでは新しいニーズとして孫旅のさまざまなコースを新設してPRしてもいるようです。

少し前のことですが、NHKのテレビでも孫旅を紹介していて、その意外な効果を指摘していました。

＊両親といるときよりお行儀よくしている
＊いろいろな場面で、少し背伸びしてがんばる
＊祖父母や周囲に対してやさしい気配りや思いやりの気持ちが出てくる

孫旅には、そんな傾向が見受けられるのだそうです。

どうして、こんな効果が出てくるのでしょうか？

これにも祖父母と子どもとの距離感が働いているような気がします。子どもにとって、祖父母は他人ではありませんよね。でも、だからといって両親のような密着した距離にある存在でもありません。

半分他人で、半分親。

子どもにとっては、そんな存在です。子どもだって、親がいない他人ばかりの中ではそうそう好き勝手はできません。これがお行儀がよくなるという傾向につながっているのではないでしょうか。また親から離れていると、どんな子もちょっぴりおとなに見えるものです。「少し背伸びしてがんばる」というのは、この部分の効果だと思います。

孫育てをした経験がある方なら、きっとわかると思いますが、祖父母とたくさん接している子どもは、中学や高校くらいの年齢になってくると祖父母に対して思いやりやさしさを見せるようになります。

きっと孫旅で、この兆《きざ》しが見えてくるのでしょうね。

いくじいとの入浴がもたらす子どもの心の変化

化粧品メーカーの資生堂がおこなった調査（「浴育に関する意識調査」）では、孫の育児に参加しているおじいちゃんは約50パーセントもいることがわかったそうです。

育児の内容の中では、「一緒に入浴する」というのが多いようですが、ここで興味深いことがわかったそうです。

「おじいちゃんと一緒にゆったり30分以上入浴時間を取っている場合、一緒に入っていなかったり、入浴時間が30分未満にとどまっていたりする場合と比べ、〝忍耐力がある〟や〝思いやりがある〟や〝協調性がある〟など、子どもの心の成長の度数が上がる調査結果が出ています」というのです。

おもしろいですねぇ！　同社では、年配者であるおじいちゃんと入浴して会話することにより、社会的なモラル意識や価値観が育つのだろうと分析していますから、これもいくじいパワーのひとつかもしれませんね。

じじ・ばばのパワー、恐るべしです。

じじ・ばばの孫育てのパワーの素《もと》は距離感だといいました。

近年、いくじいの「たまご育て」が注目されています。

「え、たまごってなに？」

そんな声が聞こえてきそうですね。

これも最近、話題になっている言葉で、「他人の孫」（略してたまご）のことですね。つまり、いくじいたちは自分の孫だけでなく、地域の孫たちと一緒に遊んだり、時間を過ごして両親をサポートしているのです。

これには、各地の地方自治体も注目していて、たとえば横浜市では「すくすくかめっ子事業」として、地元の高齢者らが子どもたちの遊び相手を務め、親を支援する体制づくりが進められています。

これも、かつては日常生活の中で自然なスタイルでおこなわれていたもので、私たちはもう一度、このいくじい、いくばあの力を広い意味での子育ての場に取り入れることを考えるべきですね。

古い家族の伝統は一度リセット

前に紹介したスティーブン・コヴィー博士は、「家族の伝統の大切さ」を説いています。

家族の伝統って、何でしょうか？

そうですね、年中行事を楽しむのも、折節《おりふし》のお祝いの食事も、旅行や行事であえて写真を撮らないということも、それぞれの家族の伝統といってもいいのではないでしょうか。

伝統の中には、その家族独特のものもあるでしょうし、どこの家庭でもやっているような一般的なものもあるでしょう。

また、ある種の家庭内ルールも、伝統に含んでいいと思います。

でも、これは家族、家庭ができる前に、すでにあるものではないですね。それまで別々に育ってきた男性と女性が結婚してひとつの家族をつくる。それまでそれぞれが育ってきた家族、家庭の中には伝統があったでしょう。でも、それをそのまま新しい家族の中に導き入れることはできません。

家族がかかわる問題で多いのは、自分が育ってきた古い家族の伝統を無理やり新しい家族に押しつけようとすることで生まれることが多いものです。

たとえば、第1章でお話しした代々医者の家でごく当たり前のように子どもが医者になることを押しつけ、縛《しば》るというケースは、そのひとつでしょう。これは家族の伝統を強固に守るようでいながら、じつは家族を壊し、心のトラブルを引き起こす道筋にほかなりません。

新しい家族には新しい伝統があります。

それは、夫婦はもちろん新しい家族がみんなでつくりあげていくものです。

このときに大切になってくるのは、誰かがほかの誰かを支配する、あるいは縛るというシステムになってはいけないという点でしょう。

家族といっても、ひとりひとりは個別の独立した人間です。

それをきちんと守り、ひとりひとりがその個を伸ばし、いきいきと暮らしていける伝統をつくっていきたいものですね。

家族の絆が見直されるとき

最近、家族のつながりが希薄になっているという指摘は、さまざまな場でなされていま す。でも、その一方で、「家族が大切だ」と考える人が増えています。

平成19年版の「国民生活白書」（内閣府）によると、「あなたにとって一番大切なものは何か」という質問に対し、「家族」と答えた人は1958年では約10パーセントでしたが、2003年には約50パーセントに上昇しています。その後、家族に関する白書は出ていませんが、その後も増えつづけているのは確実です。

とくに2011年の東日本大震災のあとは、家族の絆《きずな》を大切に思う人が増えているといいます。

私の間接的な知りあいで、東日本大震災でお母さんを亡くした女性がいます。当時は高校生でしたが、いまは大学に通いながら家では母親の代わりに家事をこなし、弟と妹の世話をしているそうです。

「以前は、家の手伝いなどやったことがない子でしたし、母親にもかなり反抗していました。それが見違えるようになって、いまでは、本当にあの子？　と思ってしまうほどです」というのは、直接彼女を知る人の言葉です。

母親を失うことで、一度家族が壊れかかったとき、きっと彼女は身をもって家族の大切さを知ったのでしょう。

被災者の中には、彼女と同じような人たちがたくさんいます。

こんな言い方は適切でないかもしれませんが、もし何事もなく平穏《へいおん》に過ぎていたら、彼女たち、彼たちのような強さと生きる力を持った若者は生まれなかったのではないかと思わされるほどです。

家族を失ったからこそ、その大切さを知り、ふたたび家族をつくり直していく中で、強く、たくましく成長しているように見えます。

「以前の私にとって家族は、何でもない空気のようで、むしろ反発の対象でした。でも、失ってみてはじめてどれだけ大きな存在だったか気づいたのです。母は亡くなりましたが、その存在をみんなで守りつづけていきたいです」

少女はいま、そう話しているそうです。

家庭が安らぎの場になるために

人が生きていくうえで、安らぎの場は必要不可欠なものです。

家庭がいいバランスで安定していると、そこが安らぎの場になります。逆に不安定でギクシャクしていると、家庭がさらなる抑圧とストレスの場になってしまいます。

前項で紹介した「国民生活白書」では、家庭と安らぎについても報告していて、人の精神的な安らぎにとって家族のつながりは重要だと指摘しています。

データを見てみると、「家族との会話が十分取れている」と回答した人の80・7パーセントが精神的な安らぎを感じています。一方、安らぎをほとんど感じていない人の割合は、わずか2・9パーセントです。

逆に、「家族との会話がほとんど取れていない」と回答した人で見ると、安らぎを感じる人の割合は43・3パーセントと半分近くに低下する一方で、ほとんど安らぎを感じていない人の割合は18・7パーセントに高まっています。

白書のデータでは家族との会話を家族のつながりの基本要素にしていますが、要素はほかにもあります。会話がいくらあっても、それが愚痴《ぐち》や不満、または非難や批判だとしたら、とても安らぎどころではありませんね。

「お帰りなさい」

「おやすみなさい」

「ありがとう」

「ご苦労さま」

「お疲れさま」

そんな言葉も安らぎの要素になります。家族の中の会話や言葉については、またあとでお話ししますが、人が安らぎによって心の安定を得、さらにリフレッシュしてエネルギーをチャージするには、家族とのつながりはなくてはならないものです。

友だちや外部の仲間だったら、嫌《いや》だと思ったらその関係を断《た》てばいいのですが、家族となると、そうはいかないですものね。そして断てないものなら、楽しく意味あるものにしないともったいないでしょう。

家族関係でおとなになってからの社会的能力が変わる

子どもの生育にとっても家族のありようは大きな影響を及ぼします。

最近、新社会人たちのコミュニケーション能力や自主的な行動の欠如《けつじょ》が問題になっていますが、これも子ども時代を家族とどんなふうに過ごしたかによって変わってくるのです。

「若者の仕事生活実態調査報告書」（ベネッセ）によると、子ども時代に「親と将来のことについて話をすること」「家事の手伝いをすること」など、親とのコミュニケーションや共有体験をより多くした人ほど、成人になってからの自主的行動やコミュニケーション能力にいい結果を残しています。

将来のことなど、親とのコミュニケーションを多くした人の中で、「自分の考えをわかりやすく説明できる」という答えをした人は41・4パーセント、「自分の感情を上手にコントロールできる」という答えをした人は37・8パーセント、「自分から率先《そっせん》して行動できる」と答えた人は39・8パーセントで、コミュニケーションが少ない人に比べて高い数字になっています。

　また家事の手伝いなど家族との共有体験を多くした人では、「自分の考えをわかりやすく説明できる」と答えた人が69・４パーセント、「自分の感情を上手にコントロールできる」と答えた人が66・９パーセント、「自分から率先して行動できる」と答えた人が70・１パーセントと、かなり高い数値になっています。

　同じベネッセの調査でもうひとつ興味深いのは、家族のコミュニケーションと知的好奇心や勉強姿勢の関係です。

「わからないことがあれば知りたいと思うか」という質問に対して、親との会話が多い小学生の71・３パーセントが「知りたいと思う」と回答しています。一方で、親との会話が少ない小学生では52・６パーセントです。親との会話が多い小学生に比べて18・７パーセント低い結果となっているのです。

　さらに「テストで間違えた問題をやり直すか」「親に言われなくても自分から勉強するか」との問いに対して、それぞれ「やり直す」「勉強する」と回答した小学生は、会話の多い小学生のほうが、会話の少ない小学生よりいずれも15パーセント程度高くなっています。

第6章　親密感や一体感が生まれる心の技術

お互いに不満だらけの夫と妻の場合

夫婦には血のつながりがないので、比較的相違点を受け入れやすくなります。たとえば妻は山が大好きなのに対して、夫は海が一番という場合、相手が理解できなくても、同じようになってもらいたいとは思わないのではないでしょうか。

でもね、お母さんたちが集まる会などで夫婦関係に関するアンケートをとってみると、夫の欠点がたくさんあげられています。もちろん夫の側も同様で、傍《はた》から見ると、よくそんな夫（妻）と一緒に暮らしているなぁ、と感心してしまうほどです。

私の知りあいのご夫婦の例を紹介してみましょうか。

ご主人は40代後半の団体職員として働いていらっしゃる方、奥さんは40代前半で小さな趣味の店を開いています。ふだんから、よくご主人への不満を口にしていましたが、あるとき「このまま結婚を続けていけるかどうか心配になった」というので、私のところに相談に見えたのです。

「子どもが小さい頃から育児は私まかせ、もちろん家事の手伝いなんてほとんどしたことがありません。仕事が休みのときは、自分の趣味のサイクリングに出かけ、子どもと遊ぶこともほとんどありませんでした。一度、私が風邪で熱を出して寝込んでいたとき、寝ている私のところにやってきて、食事はまだかと催促《さいそく》したんです。ほんとに腹が立ちました」

話しはじめた奥さんは、もう止まるところがありません。

一気呵成《いっきかせい》に、ご主人の欠点や嫌《いや》なところをあげていくのでした。子どもが小さいうちは子育てに一生懸命で夫のことを考える余裕がなかったのですが、子どもがある程度大きくなった最近は、夫への不満が拡大してきたというのです。

奥さんのお話を聞く限り、たしかに困ったご主人ではあります。そして奥さんの不満の根元にあるのは、「(夫は）私のことをまったく理解してくれないし、理解しようともしていない」ということのようでした。

このときは、奥さんの不満を聞くだけにとどめ、別の日に今度はご主人と会って、お話を聞くことにしました。

なんでもすぐ口にする妻の言い分、真逆の夫の言い分

さて、奥さんが不満を爆発させた相手のご主人です。ご主人とは何度か顔を合わせたことはあるのですが、ゆっくりお話をしたことはありませんでした。

あらためてお話しすると、とても筋が通っていて論理的な方だということがわかりました。でも、決して冷たい印象ではなく、もの静かで温《あたた》かい印象でした。ちょっと奥さんの話が信じられない感じさえしたのです。

奥さんがどんな不満を口にしたかは伝えず、ご主人の奥さんに対する思いを聞いてみると、こちらにもいろいろな不満があるようでした。

「妻は、いわゆるお天気屋で、その日や時によってくるくると気分が変わるんです。さっきまで機嫌《きげん》がよかったと思ったら、急に怒り出して数年前の私の行動や態度をほじくり出して非難したりします。またかと思って、相手にしないでいると、あなたはいつもそうやって私を無視する、とまた非難が始まる。手に負えません」

話しにくそうではありましたが、話が進むにつれて、ご主人も少しずつ不満を口にするようになりました。仕事から疲れて帰ってきても、「お疲れさま」「ご苦労さま」の前に、あれをやって、これをやってと次々に要求が出てくるということもあるようです。

ご主人としては、なるべく触《さわ》らぬように心がけていたというのです。いわゆる、「触らぬ神に祟《たた》りなし」ですね。でも、これが奥さんにとっては、さらに腹立たしい「無視」につながっていたのです。

奥さんのお話には出てきませんでしたが、数年前にご主人は仕事上の大問題を抱え、悩んでいたことがあったそうです。でも、ご主人はそのことを家族に悟られないように自分の中にしまいつづけていたのです。

「家では、みんなが笑っていたいし、よけいな心配をかけたくなかったですから」と、ご主人は言います。

なんでも思ったら、即その場で口にしてしまう奥さんとは、ほとんど正反対の性格です。

夫婦のカウンセリングで気づいたこと

おふたりは結婚して二十数年。お互いに少なからぬ不満を口にしている割には、これまで大きな夫婦間トラブルはなく、15歳と13歳の子どもたちも問題なく成長しています。また、30代のはじめに購入した自宅は東京近郊の住宅街にある一軒家です。傍目《はため》から見れば、むしろ羨《うらや》まれる家族です。

お子さんたちは、私も何度か会ったことがあるので、それとなく聞いてみると、夫婦がいつも喧嘩《けんか》しているということもないようですし、両親の仲についても、「ふつうじゃないですか」と、淡々とした答えです。

ああ、そうか。そのとき、私はなんとなく納得しました。この夫婦は、お互いに違うことをちゃんと生かしているのだと。ただ本人たちが、そのことに気づいていないのです。

ご主人と面談したあと、最後にご夫婦揃《そろ》って面談しました。

ふたり揃っていると、奥さんもひとりで会ったときほど攻撃的ではありませんでしたし、ご主人はもの静かでした。

私は、家族の相違点はむしろ幸せなこと、だからこそふたりでいる意味があるのだという話をすると、最初は腑《ふ》に落ちない表情でした。

「おふたりも、相違点を受け入れ、それを生かしているのですよ。だって、お子さんを産み、立派に育てているし、素敵なおうちはあるし、二十数年大過《たいか》なく結婚生活を送ってきたでしょう。それが何よりの証拠ですよ」

私が、そんなふうにお話しすると、おふたりは「ええ？」という表情で見つめあいました。それから1秒、２秒、ほんの短い間でしたが、ふたりの目にかすかな微笑みが宿ったのです。

やがて、「たしかに、そうかもしれませんね」奥さんが、そう言うと、ご主人が静かに頷《うなず》かれました。

今度ははっきりと、ふたりの顔がほころんでいました。

「自分が理解されていない」「わかってもらえない」と言う前に

私の知りあいやまわりにも紹介したご夫妻のような例は、たくさんあります。

みなさん自身だって、ちょっと見つめ直してみてください。同じようなことが起きているかもしれませんよ。お互い不満しかないと思っている夫婦の間でも、1＋1＝2以上の効果が生まれているのです。

もし、ふたりが別れて、ひとりになったら、どうがんばったって1以上にはなりませんよね。ふたりが一緒にいるからこそ2以上になるのです。

ここでもう一度、紹介したご夫婦のことに話を戻しましょう。

ご本人たちは気づいていなくても、ふたりは結局、お互いの違いを受け入れ、それを活《い》かしてきたからこそ、現在の暮らしがあるのです。

でも、ひとつ問題があります。夫の側も妻の側も不満の根元に宿っているのは、「自分が理解されていない」「わかってもらえない」という意識です。もっと素敵な夫婦、家族になるためには、この問題をクリアする必要があります。

みなさんの中にも、夫なり妻なりに「わかってもらえてない」という意識を抱いている方は少なからずいると思います。

でもね、これは「わかってもらう」前に「わかってあげる」ことが必要なのです。まず何より大事なことなのに、実践できている夫婦は決して多くありません。積もり積もった不満が相手を「理解しよう」とする心を失わせてしまうからです。

「自分をわかってもらえない」そう訴える方に、「それでは、あなたは相手のことをわかってあげていますか？」と、ときどき逆に聞いてみることがあります。

ほとんどの方が黙ってしまうか、首をかしげるだけです。相手を責める前に、まず、あなた自身が一歩踏みこんでみましょうよ。

そんなにむずかしいことではありません。自分の欲という色眼鏡《いろめがね》を外《はず》して、ゆっくり、静かに相手を見つめてみましょう。少しずつ相手が見えてきます。そして、あるとき、あなたは気づくはずです。

「あれ、私をわかってくれているみたい？」

――そんなふうに。

「傾聴」すると相手がわかる

カウンセリングの用語に「傾聴《けいちょう》」という言葉があります。相手の話を聴《き》くということですが、ただ黙って相手の話を聞くということではありません。相手に共感し、受容しながら、聴くということです。以前、子育ての本で何度かお話ししたことがありますが、心理学的には「聞く」と「聴く」には大きな違いがあります。

「聞く」はただ相手の話を耳に入れることで「心」は通っていません。でも、「聴く」は話をしながら相手の心を聴くことでもあります。

前の項で、相手をわかってあげるために、まず見つめてみましょうと提案しました。さらに、それに続いて相手の話を「聴いて」みてください。

ここで大事なのは、相手に共感することです。

最初はスタイルだけでもＯＫですよ。そのひとつは、相手の言葉を繰り返すことです。たとえば相手が、「今日はお昼にそばを食べたんだけど」と話したら、「お昼にそばを食べたんだ」それだけでいいのです。

さらに、「そのそばが不味《まず》くて、しかも９８０円も取られたよ」と続けたら、「あら｜。不味いのに９８０円も取られたの？」と、こんな調子です。

慣れてきたら、繰り返すだけでなく、「それはたいへんだったね」とか、「へぇ、よかったね」とか同調する言葉をプラスしましょう。これだけでも、相手は共感されたと感じます。

でも、こうした単純な話ばかりとは限りませんよね。もしかすると、会社で上司とぶつかったとか、取引先で不愉快な思いをしたという話が出てくるかもしれません。こんなケースでも、相手が相談しているのではない限り、自分の意見や考えを口にするのは控《ひか》えましょう。

ここでも同じように、相手の言葉を繰り返しながら、ときに共感の言葉を返していきます。

この方法、もちろん夫婦だけでなく、親子の間でも通用しますし、友だちや近所の人にも応用できます。さらに、仕事場での人間関係でも使えますから、ぜひ一度試してみてくださいね。

心地よい家族をつくるためのチェックポイント

機能不全家族では、家庭や子どもを壊してしまう危険な家族のことをお話ししてきました。

でも、だから家族はいらないというわけにはいきませんね。

心地よい、素敵な家族をつくるためにはどうしたらいいのでしょうか？　具体的な要素をピックアップして考えてみましょう。

まず次の項目をチェックしてみましょう。

1　家族同士で「おはよう」「おやすみ」「行ってきます」「行ってらっしゃい」などの挨拶をしている　　YES　NO

2　何かをしてもらったら、「ありがとう」と言う　　YES　NO

3　何かをお願いするときは、「〜して」「〜しといて」ではなく、「してくれる」「してお

いてくれるかな」という言い方をする　YES　NO

4 子どもがリビングルームでくつろいでいる　YES　NO

5 週に一度は家族で一緒に食事をする　YES　NO

6 子どもの友だちが家に遊びにくる　YES　NO

どうでしょう？

もし、すべてがYESなら、あなたの家族はとても素敵な家族です。

NOがあったら、その要素を意識して取り入れるように家族みんなで努力しましょう。

YESの要素が増えていけばいくほど、どんどん素敵な家族に近づいていきますよ。

家族間の信頼関係をつくるための第一歩

誰かといいコミュニケーションをとろうとするには、なにより互いの信頼関係が大切です。

カウンセリングで面談するときにもこれは大切な要素で、心理学の専門用語で「ラポール」といいます。つまり、お互いに親しい感情が通いあい、打ちとけて話ができる状態をつくることで、これは家族の間にも通じます。

家族の場合は、ふつうであればすでにラポールはできている状態ですが、あらためてつくり直したほうがいい場合もあります。

たとえば、男の子だと小学校高学年くらい、女の子だと中学生くらいになると、なかなか親と話をしたがらない時期がありますね。

何か話しかけても、「べつに……」「ふつう……」などといってとりつくしまがなかったり、学校から帰るとそのまま自分の部屋に閉じこもってしまったり。

こんなとき、コミュニケーションをとるきっかけがつかめなくて困ってしまうことがありませんか？

そんなときは、さりげなく相手の存在を評価する話しかけをしてみてください。そうですね、たとえば男の子だったら、こんな語りかけはどうでしょう。

「あの棚の上の箱をとってくれない？」

「このビンのフタ、固くて開かないの。開けてくれる？」

きっと答えてくれて、コミュニケーションのきっかけができますよ。

それから女の子だったら、こんな感じで。

「ちょっとお味噌汁の味見てくれる？　最近、舌に自信なくて」

「コンサートのチケット、届いてるかもしれないから郵便受け見てくれる？」

さりげなく、そしてあなたがいてくれて助かるわ、という気持ちを出すのがポイントです。

あとは「今晩のおかず何にしようか」という感じで会話が続いていきますよ。

潜在意識に働きかける「ページング」で一体感をつくる

カウンセリングの方法で家族コミュニケーションに応用できそうなものは、ほかにもありますよ。

たとえば「ページング」です。ページングというのは、相手の話し方や呼吸にペースを合わせることで、カウンセリングではよく使われます。

まず話し方ですが、相手の声の調子やスピード、リズム、声の大小、音程の高低などさまざまです。それに、こちらのペースを合わせていくというわけです。

次に呼吸ですが、これは相手の胸や腹部の動きをちょっと観察して呼吸のリズムがつかめたら、こちらの呼吸をそれに合わせていきます。でも、これは慣れないと、ちょっとむずかしいかもしれませんね。

カウンセリングの方法を使っているのだ、などとあまり考えずに気軽にやってみると、意外と効果的です。さりげなく呼吸やリズムを合わせていると、不思議に一体感が生まれてきます。

これが相手に心を開かせるきっかけになるわけです。

前項でお話しした、「あなたがいてくれて助かるわ」という話しかけをして、それがきっかけで会話がスタートしたとします。そんなとき、相手がせわしないリズムで動いていたら、あまりゆったりと構えないこと。あなたもちょっとリズムアップしてみましょう。きっと話が弾《はず》んでいくはずです。

逆に、けだるそうにゆったり動いているときは、こちらもそれに合わせます。すると、だんだんと一体感が生まれてくるのです。

人間には潜在意識と顕在《けんざい》意識がありますね。顕在意識は自覚でき、コントロールすることができる意識のことで、潜在意識は自覚できず、コントロールもできない意識のことです。

ペーシングはこの潜在意識に働きかけることによって、一体感をつくりだすのです。

「ミラーリング」で親密感を高める

もうひとつ「ミラーリング」という方法があります。ミラーというのは鏡で、その言葉のとおり相手のしぐさを鏡映しのように真似《まね》る方法です。

たとえば、相手が足を深く組んでいたとします。そのときは、自分も足を深く組みます。手の位置や姿勢も同じようにしてみましょう。よく髪をかきあげるくせがあったら、それも真似してみましょう。

これは意識してミラーリングをおこなう方法ですが、好感を持っている相手に対して無意識のうちにミラーリングをおこなっている例はたくさんあります。

ほら、みなさんのまわりにもよく似ている夫婦とかカップルっていませんか?

性格や話し方はもちろん、なにかのときに一人が腕を組んだり唇《くちびる》を舐《な》めたりすると、もうひとりも同じように組むとか、唇を舐めるというふうに同じことをすることがあると思います。

これも無意識のミラーリングですね。

これは心理学でいう「類似性の法則」が働いているのです。

類似性の法則とは、人は、自分と似たものに好感を持つという心理です。よく言いますよね、「類は友を呼ぶ」ということわざ。これと同じで、人は自分と同質のものは否定することができないのです。

この法則を意識的に使おうというのがミラーリングというわけです。

ではこのミラーリング、はたしてどのぐらい効果があるのでしょうか。それについてはニューヨーク大学のターニャ・チャートランド博士がおこなった、おもしろい実験があります。

二人一組でペアになり、相手との好感度を測る実験です。実験時間は15分間。Ａクラスにはペアの相手の姿勢やしぐさを真似るように指示をし、Ｂクラスには何も指示をしませんでした。

そして、ペアになった人物の好意度数を調べると、Ａクラスでは73パーセントが相手に対して好意を持ったのに対して、Ｂクラスでは65パーセントだったという結果が出ています。

さて本題に戻りましょうか。

ミラーリングをおこなうときに大切なことがあります。相手の真似をするという行為がわざとらしくなってしまうと、相手は「何かたくらんでいるのだろうか」と警戒心を持ってしまいます。

ですからミラーリングは、さりげなく自然におこなうことが大切になります。

でも口で言うのは簡単ですが、実際にはなかなかむずかしいかもしれませんね。

そこで応用できるのが交差（クロスオーバー）ミラーリングです。

つまり相手が足を組んだり、髪をかきあげたりしたとき、そっくりそのまま真似るのではなく、似た別のアクションに変えてみるという方法です。たとえば、次のような形でやってみてはどうですか？

＊相手が足を組んだら、こちらは指を組んでみる
＊相手が髪をかきあげたら、こちらは耳たぶを触ってみる
＊相手が指でリズムを取ったら、こちらは足でリズムを取ってみる

こんな形です。

どうですか、これならできますよね？

このミラーリングや前にお話ししたペーシングは、夫婦や姑《しゅうとめ》、親戚などに対していいコミュニケーションを築《きず》きたいときには、そのまま応用することができます。

また子どもやきょうだいなどのときは、少しバリエーションを工夫してみましょう。

子どもって、話をするときに、爪を噛《か》むとか、唇を舐めるとかのくせがありますよね。

こんなとき親はつい、「なによ、いつも爪を噛んで。みっともないからやめなさい」などと言ってしまったりしませんか。

せっかく相手が話しはじめているのに、これではぴしゃりとドアを閉めているようなものですよ。

そんなときは、あなたは鼻をつまんだり、耳たぶを触ったりして話してみてください。

きっと、どんどん話が弾んでいくことでしょう。

不機嫌な相手には「バックトラッキング」を使う

子どもが学校から帰ってきて、なんとなく不機嫌なときってありますよね。そんなとき、どんな話しかけをしますか？

「なにかあったの？」

「ちょっとね」

「ちょっとねって、なによ。ちゃんと話しなさいよ」

そんな言い方していませんか？　あるいは、

「ちょっと嫌なことがあったの」

「なに、なに？　友だち？　先生？　クラブ？」

そんなふうに畳《たた》みかけたりしていませんか？

こんなときは、「バックトラッキング」というカウンセリングの方法を使ってみましょう。

バックトラッキングというのは、簡単に言うと相手の言葉をそのまま返すことです。学校から帰ったときというシチュエーションなら、こんなふうでしょうか。

「今日は気分重い。最悪だよ」

「そう、気分重いんだ」

「ちょっと嫌なことがあってさ。友だちのA子とトラブっちゃったの。最悪」

「トラブっちゃったのか。それじゃ気分重いよね」

こんな感じです。

こんなことで、どんなコミュニケーション効果があるのか疑問ですか？　前にお話ししたペーシングやミラーリングと同じで、相手の言葉を繰り返すことで、相手の潜在意識に働きかけ、一体感と親密感を伝える効果があるのです。

また繰り返すことで、相手の言葉をちゃんと受けとめていますよ、というメッセージにもなります。

「バックトラッキング」のさらなる使い方

先ほどバックトラッキングは、簡単に言うと相手の言葉を繰り返すことだとお話ししましたね。

よりくわしくお話しすると、バックトラッキングには——

1 事実をそのまま繰り返す
2 相手の感情を繰り返す
3 キーポイント（キーワード）をおさえて繰り返す

この3種類があります。

前の項でお話ししたのは、このうちの「1 事実をそのまま繰り返す」という方法ですね。もちろんこれも基本として大切なのですが、ときに不自然になったり、逆に会話がぎくしゃくしてしまうことがあります。

そこでより大切になるのが2と3です。

今度はシチュエーションを夫との会話にして考えてみましょう。

ご主人が帰ってきて、「今日、部長とうちの課の○○君がトラブっちゃってね。間に入ってたいへんだったんだけど、そのうち部長の矛先《ほこさき》がこっちに向かってきてさ。〝だいたい課長の君の管理が悪いんじゃないの〟なんて言われた。まったく中間管理職はつらいよ」こんな話をしたとしましょう。

「部長さんの矛先がこっちに向いてくるのはつらいわね。中間管理職ってたいへんよね。ありがとうございます。お疲れさま」

これは2と3をミックスしたバックトラッキングです。相手の言葉をところどころで使いながら中間管理職というキーワードをおさえ、「つらい」という感情を繰り返しています。

「へぇ、そうなの」「ふーん」と繰り返しているより、相手は強い一体感を感じます。

「カタルシス効果」と「アンダードッグ効果」

バックトラッキングをおこなっていて、少し自分の意見や考えも話したいということがありますよね。

当然ですし、自分の考えを入れて話しても全然構いませんよ。

ただし、自分の意見や考えを出すタイミングと出し方があります。

たとえば前の例で言うと、夫が会社での出来事を話し、「中間管理職はつらい」と言ったところでいきなり、「でも、課長なんだから仕方ないでしょう」などと口にしてしまうと、コミュニケーションの糸はそこで途切れてしまいます。

まず前の項でお話ししたようにバックトラッキングをおこなって相手をしっかり受けとめてから、やんわりと自分の意見を言うようにします。

そうすれば、相手もあなたの意見を受け入れようとしてくれます。

さて、話は変わりますが、みなさん「カタルシス効果」という言葉を聞いたことがありますか？

映画やドラマを見て、あるいは小説などを読んで悲しみや感動で泣いてしまったことってありますよね。それから喜劇やお笑い番組を見てお腹を抱えて笑ってしまった。そんなときって、あとでなんとなくすっきりした気持ちになりますよね。

カタルシスはギリシャ語で「浄化《じょうか》」という意味で、心の中に溜《た》まっているわだかまりやマイナスの感情を泣いたり笑ったりすることで吐き出し、洗い流してくれることを言います。

ここまでは、みなさんも聞いたり読んだりしたことがあるのではないでしょうか。でも興味深いのは、この先なのです。

たとえば、友だちや家族同士の話でも、自分の悩みを打ち明けて、「ああ、すっきりした」っていうことありますよね。これもカタルシス効果ですが、これに付随《ふずい》して相手に話を聞いてもらうと、その相手を「いい人」と感じ、信頼が強まる心理作用があるのです。

つまり、相手の心のうちのわだかまりやマイナスの感情を吐き出すように会話をリードすれば、カタルシス効果によってあなたへの信頼が高まるという結果が生まれるのです。

具体的に考えてみましょうか？

そうですね、相手があなたの子どもで、友だちや先生について聞いてみたいと思ったらどんな言葉でスタートしますか？

「好きな友だちって、どんなタイプ？」

「好きな先生っている？」

そんな聞き方をしていませんか。でもカタルシス効果を活用したいと思ったら――

「嫌いな友だちって、どんなタイプ？」

「嫌いな先生っている？」

こういう質問の形をとります。つまり「嫌い」というマイナスの言葉で相手の心の中にあるマイナスの感情を引き出すのです。

そうすると相手は、話しはじめるに従って、ふだんなかなか言えないようなことを吐き出したりします。そうして相手がカタルシスを得ると、こんな話を聞いてくれたということであなたへの信頼感が増し、コミュニケーションが深まるということなのです。

このカタルシス効果と逆のシチュエーションで興味深い方法は、「アンダードッグ効果」です。

アンダードッグとは直訳すれば「負け犬」という意味の英語で、気の毒な状態にある人がいると同情して、なんとか手を差し伸べようとする心理効果のことです。

代表的な例は選挙で、不利を予想されている候補が同情票を集めて逆転したりすることがあげられます。

１対１の人間関係でいえば、こちらから抱えている不安や悩みを打ち明けると、相手に同情心が生まれ、それが親近感につながります。

つまり、さりげなく自分の弱みをさらけ出すということです。

自分より背が高くなった子どもに、「高いところの物をとってくれる？」と話しかけたり、舌に自信がないので「料理の味見をしてくれる？」と話しかけるのは、自分の弱点を前面に出しているのですから、アンダードッグ効果のひとつといえますよ。

第7章　新しいつながりのつくり方

互いを縛りつけていた「鎖」が「絆」に変わるとき

繰り返しますが、家族って本当に不思議なものです。

まるで空気のようで、当たり前のものでいながら、なければ生きていけない。あるいは、ときには自由を縛《しば》る鎖《くさり》に感じられることもあれば、ひとりひとりを結びつける大切な絆《きずな》でもある……。

家族というふたつの面を持った存在を考えるとき、私はかつて相談を受けたあるクライアントのことを思い出します。

M・Iさんは、歯科医師の資格を取ったばかり。人生いよいよこれからの、当時27歳の女性です。でも、はじめて私のところに来たときの彼女は、怯《おび》え切った子羊のようで、歩くことさえやっとという感じでした。食事も満足にしていないということで、痩《や》せて生気がありませんでした。

彼女の父親は外科医院を開業する医師で、子どもは当然医師になると決めてかかって育ててきました。将来のことだけでなく、すべてが同じような調子で、家の中は父親の決めた厳格なルールが支配していたといいます。

そんな環境で育った彼女ですから、本当の自分を確立することはできませんでした。なんとか親の意に沿おうとがんばって歯科医師の免許を取得したとたん、彼女は自分を完全に失ってしまったのでした。

なにもかもわからなくなって、彼女の中にたぎっていたのは、「死にたい」という思いと、親を「殺したい」という思いだったのです。

M・Iさんにとって、家族はまさに鎖以外の何ものでもなかったのです。

それから3年――

父親がやっと彼女を理解してくれるようになったこともあって、かなり心の状態も安定したようでした。

「最近、うれしいことがありました。祖母の法事で久しぶりに郷里に帰り、リビングで団《だん》欒《らん》していたときのことです。ふと気づくと、父に寄りかかってウトウトしていたのです。生まれてはじめて父の温《ぬく》もりを感じた瞬間でした」

久しぶりに会ったときの彼女の言葉です。
そうですね、彼女にとっての家族は「鎖」から「絆」へと生まれ変わったのです。

父親を襲った突然の病気が家族を再生させた

繰り返しますが、家族は不思議なものです。

ふだんその存在すら意識しない家族でも、何かがちょっと変わったり、欠けたりすることで、くっきりとした形が浮かびあがってくることもあります。

私の知りあいの方で、「うちは家族という形だけはありますが、みんなそれぞれバラバラ。私は家族があまり好きではありません」という20代の女性がいました。

彼女の家族はご両親と彼女、そして弟の4人家族でしたが、一家の中心は40年間ある会社で働きつづけた父親。頑《かたく》なで亭主関白で、子どもたちにも厳《きび》しい方だったといいます。母親は、そんな父親にひたすら従うだけで、自分の意見などまず口にしないというタイプ。

それは、ときに現実から目をそらしていると、彼女には感じられたそうです。

それが、ガラリと変わったのは、父親が初期のがんとわかり療養生活を始めたときだそうです。

「あれだけ強かった父親が、病気で気弱になったせいか、急に穏《おだ》やかになり、母親や私たち子どもにもやさしい言葉をかけるようになったのです」

そして次第にわかってきたことは、父親が決して強いだけの人間ではなかったこと。母親が父親に従うだけでなく、どんなときも明るく家族をリードしていたこと。消極的で覇《は》気《き》のなかった弟が胸に秘めた夢を持っていること……たくさんありました。

父親が病気になって、彼女はこれまでの中でいちばんたくさん父親と話をするようになったそうです。また、母親や弟とも喧嘩《けんか》になることを厭《いと》わないで自分をぶつけることができるようになったのです。

「病気になってから父の手を握ったり、体を拭《ふ》いてあげたり、体に触れることが嫌《いや》ではなくなりました。父の病気が家族をあらためて知るいい機会になったのだと思っています」

幸いお父さんの病気は初期ということもあって大事に至らずにすんだそうですが、父親の病気という変化が、家族を逆に再生させた例ですね。

家族は「あるもの」ではなく「つくるもの」

最近、ある新聞でタレントのユージさんの子育てを紹介する記事をたまたま目にしました。

タレントのユージさんについては、私もよく存じあげなかったのですが、お母さんは元モデルの日本人で、お父さんはアメリカ人の俳優。ひいおじいさんはドミニカ共和国の元大統領だそうです。

それはともかく、最近、離婚歴のある子連れの女性と結婚。「いきなり小学生のパパになった」とインタビューなどで話しているのを何度か目にしました。

いまは奥さんとの間にお子さんができたそうですが、息子さんとのコミュニケーションもうまくいっているようです。

そのユージさんが「お守り」にしているのは、息子さんのある言葉です。

まだ結婚する前のこと。近くで遊んでいる息子さんを迎えにいくと、友だちが「あの人、誰?」と聞いたそうです。すると。息子さんは「僕のお父さん」、そう答えたそうです。いつもはお父さんと呼ぶことはなく、「ユージ」と呼んでいたのに。

それを聞いたとき、ジーンとして、いまでも言葉のお守りにしているといいます。

そのユージさんが「家族」について思うのは、「とにかく近くにいたい」ということだそうです。

だから息子さんとも、とにかくよく遊ぶ。ゲームもよくやるそうですが、負けて泣いてもいっさい手加減はしないといいます。いつも「うざい」と思われるほど近くにいるそうです。

家事も全力投球で、仕事を終えてソファに座り、家族を見渡せたときがいちばん幸せだといいます。

家族は「あるもの」ではなく、「つくるもの」ということなのですね。

血のつながらないステップファミリー、そこから学ぶ知恵

ユージさんのように血のつながりがない子どもがいる家族を、ステップファミリーといいます。

いまや結婚するカップルの４組に１組は再婚といいます。多くの場合、夫と妻のどちらか、あるいは両方に子どもがいますから、その家族はステップファミリーということになりますね。

こうしたケースでは、家族をどういうふうにつくっていくかで、大きな悩みを抱えている方たちが少なくありません。

「血がつながっていない子どもでも、ちゃんとした父親になろうと必死でがんばってきました」という男性がいました。

子どもは再婚した相手のお嬢さんでしたが、「私には、ちゃんとお父さんがいるから」と、男性を父親としてみることを頑なに拒《こば》んできたといいます。

こうしたケースは非常に多く、とくに子どもが思春期にあると関係の悪化が深刻になり、結局は結婚が破綻《はたん》してしまうということもあります。

たしかに問題はたくさんありますが、一方では、一般家庭が当たり前のこととしてあまり考えずに過ごしてしまう事柄について、いろいろと考えざるを得ないという点において、素晴らしい家族をつくるチャンスもたくさんあります。

その結果、ふつうの家族より素晴らしい関係をつくりあげている方たちも大勢いるのです。

以前、「マルモのおきて」という人気のテレビドラマがありました。

振りつきのテーマソングもずいぶんヒットしたようですから、ご存じの方も多いでしょう。亡くなった親友が育てていた男女の双子《ふたご》を主人公の男性が引き取り、育てていくというストーリーです。

主人公の男性は、ふたりの子持ちになってデートもままならず、なにかと微妙な立場に立たされることもあり、一方の子どもたちには「本当の親ではないのだから、いつ捨てられるかわからない」という不安があります。

そんな関係の中でドラマは進行していくのですが、ひとつ言えることは、男性と子どもたちがとても素敵な「家族」をつくりあげているということです。

突然に浮上した家族なのに、素敵な関係をつくっていくポイントは、どこにあるのでしょうか？

ひとつは血のつながった本当の家族では、親子、きょうだいといった関係が無意識のうちに密着したものになってしまいがちですが、ステップファミリーの場合、少し距離をおいて見つめることができる点でしょう。

この距離感は、まず相手を理解しようとすることにつながりますし、互いの違いを認めあうといい方向にもつながっていきます。

みなさんの家族をちょっと振り返ってみてください。

たとえば、子どもが親の考えているのとは違った面を見せると、なんとか自分に引き寄せようとすることがありませんか？　ふつうの家族では、なかなか相手は自分とは違う存在なのだということが身をもって理解できません。

むしろステップファミリーだからこそできる、こうした面がふつうの家族にとっても大きな知恵になっていけばいいのだと思います。

ネガティブな言葉を上手に使って信頼を得る法

家族の間のコミュニケーションで、何より大切なのは信頼です。

これがなければ、さまざまなコミュニケーションがうまくいかなくなります。信頼を得るひとつの要素にネガティブなことを先に提示するという方法があります。

たとえば子どもと話をするときに、ほめることはとても大切です。これについては、いろいろな場でお話ししてきましたから、ここではあえて繰り返しません。

「偉いね、学校の用意が時間どおりにできたじゃない」

こんなふうにストレートにほめるのも、もちろんありです。

でも、いつもこれでは子どもは「お母さんは本気で言ってるのだろうか？」と感じてしまうかもしれません。言葉の信頼性を高める言い方はこうです。

「昨日は、ちゃんとできなかったのに、今日はできたね！　偉いわ。やればできるじゃないの」

少しネガティブな言葉を先においておくと、言葉の信頼性がグンとアップするのです。断っておきますが、逆はダメですよ。

「今日はちゃんとできたけど、昨日はできなかったよね」

せっかくほめても、あとに否定的な言葉をつけ加えてしまっては台なしです。

でも、最初の例だってネガティブな言葉があるのに、と思われますか？

たしかに両方の例にあるのですが、効果はまったく逆です。これは心理学で「両面提示の法則」と呼ばれているもので、先にネガティブな言葉をおくことで、後のポジティブな言葉が強調されるという理論です。

相手は子どもだけではありません。夫に対しても、使える場面はたくさんあります。

「あなたって、やさしいわよね」

ただこんなふうに言った場合、「また、なにかたくらんでるな」と腹の底を探られかねません。

「あなたって自分勝手だけど、やさしいわよね」

このようにネガティブな言葉を先におくと、「やさしいわよね」というあとの言葉がより強調されるというわけです。

私がすすめる「アサーティブ（穏やかな自己表現）」

「両面提示の法則」でネガティブな言葉を先におくと、ほめ言葉の効果がアップするというお話をしましたが、これは決して「批判」「非難」の言葉ではありません。

家族を心地よい、素敵なものにするためには「批判」「非難」は禁物です。

素敵な家族の新しいつながりをつくっていくには、家から批判と非難を掃き出してしまうことです。

たとえば、残業と称して毎日帰りが遅いご主人に、「いい加減にしてよ、毎日、なにしてるのよ」

帰るなり、こんな言葉を浴びせれば、ご主人は心を閉ざしてしまいますし、ひょっとすると「帰宅拒否症候群」になってしまうかもしれません。

でも、「たいへんだったね、ご苦労さま」そんな言葉をかければ、すべてがいい方向に循環《じゅんかん》していきます。

とはいうものの、実行するのは簡単じゃないですよね？

そこでおすすめしたいのは、「アサーション」という手法です。日本語でいえば、「自己表現」ということでしょうか。

アサーション理論では、自己表現の方法は3種類あるとされています。

1　攻撃的表現（アグレッシブ）

2　非主張的表現（ノンアサーティブ）

3　主張的表現（アサーティブ）

この3つです。

ひとつひとつ説明しますね。

「アグレッシブ」というのは、自己中心的で相手のことはまったく考えない表現です。たとえば失敗した人に対して、理由や言い分などまったく聞かず頭ごなしに叱《しか》りつけるという行為がこれにあたります。

子どもが忘れ物をして学校で叱られたときなど――

「また、やったの！　いつも言ってるのにしょうがないわね」

こんなふうに言うのはアグレッシブです。

でも、強く、威圧的《いあつてき》な言い方だけではありません。

「お母さんはいまから出かけるから、その間にちゃんと洗い物をやっておくのよ。いいわね！」

相手に選択の余地がないような、こうした押しつけ的な言い方もアグレッシブです。

「ノンアサーティブ」というのは、自分の感情は押し殺して、相手に合わせるようなやり方です。この態度は相手を尊重しているように見えますが、実際は相手に対して正直ではありません。もちろん自分の感情を押し殺しているので、自分に対しても正直とはいえません。

その結果、押し殺していた感情が、あるとき爆発して関係がこじれたり、恩着せがましい気持ちや恨《うら》みがましい気持ちが溜《た》まってしまいます。

たとえば、子どもがゲームを買いたいとしつこくおねだりをしたとします。

「この前、別のゲームを買ったばかりでしょ！　いい加減にしなさい」

本当はそう怒鳴りつけたいのですが、それを自分の中に閉じこめて――

「そんなに欲しいの？　しょうがないわね。じゃ、買ってあげるけど」

こんなふうに答えたら、これはノンアサーティブということになります。

子どもだけではありませんね。たとえば、夫が得意先とゴルフに行くので新しいウェアを買いたいと言い出しました。

「いつものウェアがあるでしょう？」

「大事な得意先だからさ、あまり変な格好もできないんだよ」

「わかったわよ。なんとかしましょう」

これもノンアサーティブですね。

こういうことが続いたら、どんどん子どもや夫への不満が募《つの》っていきます。

それでは穏やかな自己表現とは、いったいどのような言い方なのでしょうか？

いまあげた例に沿って表現を考えてみましょう。まず、ゲームをせがむ子どもに対してです。

「この前も買ったばかりだから、お母さんは少し我慢《がまん》してほしいわ。どうしても欲しいなら考えてみるけど、あなたもお小遣いを貯《た》めるとか計画を立ててみたらどう？　考えてみてくれる？」

こんな感じでしょうか。そして、もうひとつ、夫のゴルフの例です。

「私はこう思うの。ゴルフといっても、半分は仕事みたいなものですものね。あまり見苦しい格好はできないっていうのは、よくわかるわ。でも、いま家計が苦しいのは知っているでしょう。しかたがない。私のパート貯金でなんとかしましょうか。そのかわり、今度のボーナスで半分返してね、お願いします」

そんな感じが「アサーティブ」ですね。つまり、アサーティブというのは、自分の気持ちや考えを相手に伝えながら、同時に相手のことも配慮《はいりょ》する表現です。それが、アサーティブが「穏やかな自己表現」といわれる所以《ゆえん》です。

これなら簡単にアサーティブできる3つの方法

新しいつながりをつくるためのコミュニケーションの方法として、アサーションについてお話ししてきました。なかでもアサーティブがとてもいい方法だと理解しても、実行するとそれが、そう簡単ではないのです。

でもね、簡単にできる方法がありますよ。

まず第一番目は、会話の主語を自分にすることです。アグレッシブになりそうな会話が始まったら、まず「私は」という主語を使いましょう。

「私は〜と思うの」

そんな言葉でスタートすれば、やわらかに自分の思いを伝えることができるのです。それが、「あなた」という主語を使うと、どうしても「あなたは、いつもそうなんだよね」というふうに、どうしても言葉が攻撃的になってしまいます。

二番目には、「ダメ」「無理」「できない」などの断定的な言葉や否定的な言葉を使わないということです。

たとえば、「ダメ」というときには、「私はむずかしいと思うけど、なにか方法があるかもしれないわ。考えましょう」という言い方をします。「できない」「無理」と言うときも、「うーん。～ならできるかも」という断定をしない表現に変えるのです。

そして最後に、「～して」「～してほしい」と相手の行為を促《うなが》すときは、「してもらえるとうれしいんだけど」「～してくれる、お願い」というふうに命令表現ではなく、お願い表現にするといいですね。

いずれにしても会話は自分と相手とのセッションですから、一方通行になってしまっては意味がありません。

バンドで楽器同士がやりとりするように、あるいはテニスでラリーを続けるように、上手に相手とセッションを重ねていくと、必ずいい方向にコミュニケーションが深まりますよ。

著者略歴

一九三七年、東京都に生まれる。青山学院大学文学部教育学科を卒業。小学校教諭を経て、東京教育大学教育相談研究施設、聖マリアンナ医科大学精神神経科、東京大学附属病院分院神経科にて研究生として心理臨床を学ぶ。一九七八年、東京心理教育研究所を開設。一九九〇年より自遊空間SEPY（セピィ）を主宰。二〇〇二年、東京都よりNPO法人として認証を受ける。臨床心理士・芸術療法士としてカウンセリングにあたる。

著書には、ベストセラー『男の子を追いつめるお母さんの口ぐせ』（静山社文庫）、『伸びる子の9割は、「親の口グセ」で決まる』（PHP文庫）、『伸びる子・できる子の親の日常』（さくら舎）などがある。

家族病《かぞくびょう》

——夫《おっと》の問題《もんだい》 妻《つま》の問題《もんだい》 子《こ》の問題《もんだい》

二〇一六年一月一五日　第一刷発行

著者　金盛浦子《かなもりうらこ》

発行者　古屋信吾

発行所　株式会社さくら舎　http://www.sakurasha.com

東京都千代田区富士見一-二-一一　〒一〇二-〇〇七一

電話　営業　〇三-五二一一-六五三三　FAX　〇三-五二一一-六四八一

編集　〇三-五二一一-六四八〇

振替　〇〇一九〇-八-四〇二〇六〇

装画　Ikon-Images／アフロ

装丁　アルビレオ

印刷・製本　中央精版印刷株式会社

ISBN978-4-86581-040-0